# 黄大铁路运输组织概述

主编　宋俊福

西南交通大学出版社
·成　都·

图书在版编目（CIP）数据

黄大铁路运输组织概述 / 宋俊福主编. —成都：西南交通大学出版社，2022.1
ISBN 978-7-5643-8594-1

Ⅰ. ①黄… Ⅱ. ①宋… Ⅲ. ①铁路运输管理－研究－山东 Ⅳ. ①F532.852

中国版本图书馆 CIP 数据核字（2022）第 017284 号

Huang-Da Tielu Yunshu Zuzhi Gaishu
黄大铁路运输组织概述
主编　宋俊福

责任编辑　宋浩田
封面设计　何东琳设计工作室
出版发行　西南交通大学出版社
（四川省成都市金牛区二环路北一段 111 号
西南交通大学创新大厦 21 楼）
发行部电话　028-87600564　028-87600533
邮政编码　610031
网　　址　http://www.xnjdcbs.com
印　　刷　四川森林印务有限责任公司
成品尺寸　170 mm × 230 mm
印　　张　9.25
字　　数　124 千
版　　次　2022 年 1 月第 1 版
印　　次　2022 年 1 月第 1 次
书　　号　ISBN 978-7-5643-8594-1
定　　价　48.00 元

# 前言 PREFACE

黄大铁路北起朔黄铁路黄骅南站，南至益羊铁路大家洼站，途经河北、山东两省，线路总长 216.8 km，其中河北段 44.2 km，山东段 172.6 km，全线新建车站 10 个，设计运量为近期 3 200 万吨，远期 4 700 万吨。

黄大铁路的建设是国家能源投资集团有限责任公司（以下简称国家能源集团）贯彻习近平总书记关于“运输结构调整”重要论述的具体举措，是落实 2018 年 9 月国务院办公厅出台《推进运输结构调整三年行动计划（2018—2020 年）》的重大项目，是朔黄铁路公司“北上天津，南下山东”战略的重要组成部分。

黄大铁路与黄万、大莱龙、龙烟铁路共同形成环渤海湾铁路运输通道，极大地优化了黄河三角洲地区的运输结构，为该地区电力、化工、盐业等产业提供更为优越的运输条件，对于国家能源集团开拓山东市场，带动黄河三角洲地区经济开发，促进环渤海湾经济圈共同发展具有重要意义。

本书在全面考察黄大铁路设备状况，深入走访黄大铁路沿线地方政府、地方铁路、厂矿企业，详细掌握黄大铁路辐射范围内专用线建设与货源货流等情况的基础上，测算分析了经由黄大铁路运输与其他铁路运输及公路运输在运输成本方面的优劣势，研究规划了黄大铁路集疏运系统配套优化方案；根据黄大铁路区域路网、辐射企业货运需求及其行车设备技术参数，计算了黄大铁路在既有设备条件下的运输能力；并结合机车车辆、上下游装卸车及接轨铁路设备情况等因素编制了黄大铁路运输组织方案；同时，还纳入了单线计轴自动站间闭塞区段车站非正常情况接发列车办法与非正常情况行车车站应急处置办法。

本书为黄大铁路公司开通运营、拓展市场、运输生产提供了理论参考；亦可供黄大铁路员工学习培训及铁路工作从业人员了解黄大铁路生产运营之用。需要特别声明的是本书编写于黄大铁路开通运营之前，书中所述的黄大铁路行车设备及其技术参数均来自于新建铁路黄大线施工图总说明书以及编写人员在参与筹备黄大铁路开通工作过程中现场调研收集而来，与黄大铁路开通运营后的情况有不符之处，以开通后的现场情况为准。

本书由国能朔黄铁路原平分公司宋俊福担任主编。其余参加编写的人员有：樊笑棋（国能朔黄铁路原平分公司）、姜世乾（国能黄大铁路公司）、李俊伟（国能朔黄铁路肃宁分公司）、刘锴（国能黄大铁路公司）、马睿杰（国能运输技术研究院）、马彦东（国能朔黄铁路公司）、史俊伟（国能朔黄铁路机辆分公司）、吴继承（国能朔黄铁路公司）、韦立强（国能黄大铁路公司）、王晓鹏（国能黄大铁路公司）。本书由国能黄大铁路公司曹永虎担任主审。

在本书编写过程中，得到了朔黄铁路和黄大铁路公司领导以及各专业技术人员的大力支持与帮助。在此向他们表示诚挚的感谢！

由于编写时间和编者水平的限制，书中难免存在疏漏之处，敬请批评指正，以便我们持续改进！

编　者

2021 年 8 月

# 目 录 PREFACE

第六章　非正常情况应急处置办法

# 第一篇 绪论

# 第一章　黄大铁路建设概况

## 第一节　黄大铁路基本情况

黄大铁路位于鲁北及冀东南地区，沿渤海湾畔，覆盖黄河三角洲地区。北起朔黄铁路黄骅南站，纵跨河北、山东两省，经沧州、滨州、东营、潍坊 4 市 10 个区县（市），南接益羊铁路大家洼车站，不仅是朔黄铁路煤炭运输的又一节疏运通道，又兼顾了其他货物运输，是国家环渤海湾铁路运输通道的重要组成部分。

黄大铁路是国家 Ⅰ 级单线电气化铁路（预留复线条件），线路总长 216.800 km，其中，河北省境内新建线路全长 44.8 km（含新建重车下行疏解线长度 4.999 km）；山东省境内新建线路全长 171.997 km。国能黄大铁路周边路网示意图如图 1-1 所示。

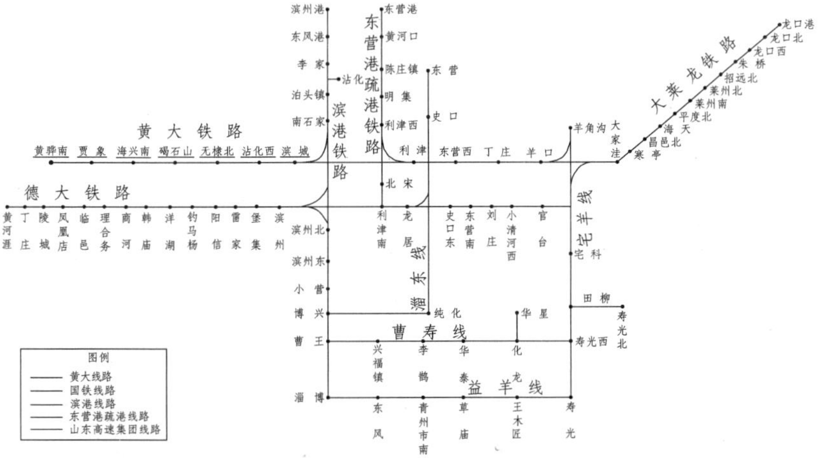


图 1-1　国能黄大铁路周边路网示意图

1．黄骅南至省界

黄骅南（不含）至省界的正线长度为39.804 km，主要控制工程为石黄高速立交特大桥2 010.6 m、正港公路立交特大桥817.98 m，漳卫新河特大桥1 771.73 m。

重车下行疏解线岭庄至黄骅南，全长4.999 km，主要控制工程为朔黄铁路立交特大桥3 023.08 m。

2．省界至大家洼

省界至大家洼（不含）正线长度为171.997 km，主要控制工程为漳卫新河特大桥1 708.99 m、威乌高速立交特大桥1 985.13 m、滨沾铁路立交特大桥2 207.36 m、济东高速立交特大桥2 902.56 m，黄河特大桥8 999.91 m、淄东铁路立交特大桥3 083.13 m、省道231立交特大桥1 398.45 m、东青高速立交特大桥2 274.06 m、新海路立交特大桥1 825.52 m、小清河特大桥2 153.76 m、宅羊铁路立交特大桥1 842.40 m、弥河分洪道特大桥1 247.79 m。

## 第二节　黄大铁路建设意义

黄大铁路的建设是集团贯彻习近平总书记关于“运输结构调整”重要论述的具体举措，是落实2018年9月国务院办公厅出台《推进运输结构调整三年行动计划（2018—2020年）》的重大项目。黄大铁路作为国家“公转铁”的重点项目以及集团产运销一体化运营的重要环节，其北接朔黄、黄万铁路，南连大莱龙、龙烟铁路、益羊铁路，与黄万、大莱龙、龙烟铁路一起形成环渤海湾铁路运输通道。与朔黄铁路共同形成了东胜煤田、神府煤田及山西煤炭下海的便捷通道。同时，可作为一节京津唐地区与华东东部地区连接的便捷通道。其建设具有重要意义。

（1）黄大铁路建设是坚定生态优先，绿色发展理念，有效落实国家“蓝天工程”“公转铁”“货物运输结构调整”政策的需要

建设生态文明是关系人民福祉、关乎民族未来的大计，是实现中国梦的重要内容。习近平总书记曾经提出“绿水青山就是金山银山”的理念。在我国目前的运输结构中，公路运输货运量占比为 78%，铁路运输货运量占比为 7.8%，铁路运输占比明显偏低。铁路运输拥有的运能大、能耗低、排放小、可靠性高的比较优势没有充分发挥出来，况且其具有公路运输所不具备的规模经济优势。“公转铁”就是要充分发挥铁路运输的规模经济优势和绿色环保优势。2018 年中央经济工作会议明确提出要调整运输结构、增加铁路运量、降低公路运量，同年全国环境保护工作会议也提出“推动大宗物流由公路运输转向铁路运输，在打赢蓝天保卫战上取得突破性新进展”。2018 年 6 月 27 日国务院常务会议召开，部署调整运输结构提高运输效率，降低实体经济物流成本。为此，中国国家铁路集团公司在全路部署开展了“调整运输结构，增加铁路货运量”的攻坚战，制定了详细的扩能增量方案，并以进一步提升铁路货运市场份额为目标，重新修订了国家铁路货物发送量年计划完成 31.18 亿吨，同比增加 2 亿吨、增长 6.9%的目标。会议指出，调整运输结构，提高综合运输效率，降低全社会物流成本，对提升实体经济竞争力至关重要。

在当前国家经济转型升级的过程中，无论是效率和效益都需要铁路运输的超前发展。黄大铁路的建设正是适应铁路改革发展，能充分发挥铁路低成本、大运量、体系化等优势，响应国家“蓝天工程”“公转铁”“货物运输结构调整”等政策的需要。

（2）黄大铁路建设是调整区域经济结构、优化产业布局，大幅降低铁路沿线企业物流成本，促进环渤海圈经济发展的需要。

黄大铁路建成后可实现国家能源集团铁路网与山东路网的连通，可通过滨港线、疏港线、德大线、益羊线、大莱龙线等为沿线企业提供便捷的铁路运输服务。

山东省物产丰富，支柱产业涵盖纺织、化工、食品、装备制造、有色金属等五大门类，拥有魏桥、西王、滨化、京博等世界五百强及多家纳税超过亿元的重点企业，纺织品、氧化铝、粮食加工等多种产品产量居全国第一，运输需求旺盛。

国家能源集团是全世界最大的煤炭供应商，旗下聚集了我国最优质的煤炭资源。经过多方测算，黄大铁路是“西煤”进入山东地区运距最短的铁路径路。

黄大铁路的建成将形成稳定、快捷、高效的物流运输通道，能让山东省境内相关企业降低物流成本，提高企业效益并产生积极的促进作用。同时，将进一步提升山东省基础设施的支撑能力，给黄河三角洲高效生态经济示范区建设和环渤海经济圈的崛起发挥了重要的作用。

（3）黄大铁路建设是实现集团路网与山东省地方铁路双方路网延伸连接的需要

黄大铁路隶属国家能源集团朔黄铁路公司，是联通着国家能源集团运输板块横跨宁夏、陕西、内蒙古、山西、河北五省 3 155 km 的运输网络。

山东省境内有滨港铁路、德大铁路、益羊铁路、大莱龙铁路、淄东铁路等多节货运铁路，物流网络十分发达。

黄大铁路建成后，将实现国家能源集团铁路网与山东省地方铁路网的联通。联通后其铁路辐射范围可由山东直达我国大西北地区，在拓展国家能源集团运输市场范围具有重要作用。

（4）黄大铁路建成可为国家能源集团相关线路提供长期、稳定的货运量支持

黄大铁路建成后不仅可为黄大线周边企业提供铁路运输服务，还可通过接轨铁路服务沿线用户，其运输经路经包神、神朔、朔黄、黄大线、黄大接轨铁路，到达需求企业。建成后对充分发挥神朔—朔黄—黄大铁路通道效益具有重要意义，为该区域内企业提供安全、经济、可靠的运输途径。若依靠公路外运，不仅外运能力小，运输成本高，而且会对公

路造成很大破坏，加重环境污染。因此，黄大线的建成将为国家能源集团相关线路提供长期、稳定的货运量支持，实现周边企业和铁路运输企业双赢的局面。

综上所述，黄大铁路的修建，可强化鲁北及冀东南地区交通基础设施，提高综合运输能力，建成后将与大莱龙铁路、龙烟铁路、黄万铁路形成环渤海湾和山东半岛的铁路通道，增强路网的机动性和灵活性，完善陆海联运，并可连通淄东铁路和益羊铁路，起到联络朔黄铁路与胶济铁路的作用，使山东与京津唐地区的联系变得更为便捷。此外，黄大线建成后将建立鲁北地区与中西部能源基地间的直接交通联系，改变该地区煤炭供应紧张的被动局面，带动黄河三角洲经济开发，可强化鲁北及冀东南地区交通基础设施，提高综合运输能力，为电力、化工、盐业等提供更优越的运输条件，从而增强鲁北地区与省内外的经济联系，加快地区经济发展，提高区域综合运输能力，开发黄河三角洲的资源，发挥沿海经济优势，促进“海上山东”建设和环渤海经济圈大交通网络的形成。

同时，黄大铁路建成后也必将在有效缓解部分区段货运能力紧张、优化铁路运输组织模式、提升路网运输能力、提高铁路货运服务水平、打赢蓝天保卫战、满足人民群众绿色生活的新期盼等方面起到积极作用。其建成后将畅通与港口间的“最后一公里”，形成一节节绿色环保、节能高效的运输新通道，不仅提高辐射范围内企业的经济效益，使得原材料输入、产品输出得到保障，建成后也必将加速海铁联运、铁水联运等多式联运体系的发展，为经济社会发展提供新动能、注入新动力。

# 第二篇

# 黄大铁路集疏运系统概况

# 第二章　黄大铁路行车设备概况

## 第一节　黄大铁路车站

黄大铁路全线共有车站 14 个（含线路所 1 个），预留会让站 1 个（油郭），其中新建中间站 10 个（贾象、海兴南、碣石山、无棣北、沾化西、滨城、利津、东营西、丁庄、羊口）；新建岭庄线路所 1 个；两端既有接轨站 2 个（朔黄铁路黄骅南站、益羊铁路大家洼站）。全线车站性质表如表 2-1 所示。

表 2-1　黄大线车站表

| 序号 | 站名 | 车站中心里程（站前里程） | 到发线数量 | 车站性质 |
|---|---|---|---|---|
| 1 | 岭庄线路所 | | | 线路所 |
| 2 | 黄骅南 | K539+644.21 | 21 | 区段站（接轨站） |
| 3 | 贾象 | DK9+218.87 | 4 | 中间站 |
| 4 | 海兴南 | DK32+462.26 | 3 | 中间站（运维中心车站） |
| 5 | 碣石山 | DK59+622.55 | 3 | 中间站 |
| 6 | 无棣北 | DK67+622.55 | 3 | 中间站（运维中心车站） |
| 7 | 沾化西 | DK90+422.55 | 3 | 中间站 |
| 8 | 滨城 | DK111+905.32 | 4 | 中间站（运维中心车站） |
| 9 | 利津 | DK128+009.3 | 6 | 中间站 |
| 10 | 油郭 | DK152+000 | 3（设计） | 预留会让站 |
| 11 | 东营西 | DK159+570.24 | 9 | 区段站（运维中心车站） |
| 12 | 丁庄 | DK174+371.01 | 3 | 中间站 |
| 13 | 羊口 | DK196+585.43 | 5 | 中间站 |
| 14 | 大家洼 | 益羊 K75+293 | 9 | 中间站（接轨站） |

新建中间站站型均为横列式布置，车站四周地形平缓开阔，地面构筑物稀少，场地地形条件良好，现分站的具体布置情况简述如下。

1．岭庄线路所

岭庄线路所是黄大铁路与朔黄铁路接轨的下行疏解线重要组成部分，位于黄骅市滕庄子乡，工程占地 2.25 亩（1 亩 = 666.66 $m^2$），该线路所内设一组道岔与朔黄铁路黄骅南站形成区域联锁，主要功能是用于减少与朔黄铁路正线列车径路的交叉干扰，提高列车通行能力。

2．黄骅南站

本站位于河北省沧州市黄骅市黄骅镇境内，中心里程位于朔黄线 539 km 644.21 m 处，隶属朔黄铁路公司肃宁分公司管辖。

黄骅南站是朔黄铁路上既有车站，也是黄万铁路与朔黄铁路的接轨站。黄万铁路在黄骅南站北侧与朔黄铁路左线并行后，引向万家码头。

朔黄线扩能改造后，黄骅南站改建为上下行除朔黄正线外各有 3 个线束，每个线束有 3 节到发线，到发线间设置了 1 组组合分解道岔，并预留设置其他 2 组组合分解道岔的条件。在车站朔州方向设有机车走行线 4 节与机待线相连。

黄大线与朔黄铁路接轨时采用上行正线平面引入、下行正线立交疏解引入黄骅南车站的布置形式。

（1）上行正线平面引入车站。

黄大线上行线利用其预留位置引入黄骅南车站（黄骅南车站改扩建时已预留本线引入位置），如图 2-1 所示。

（2）下行正线立交疏解引入车站。

黄大重车下行正线在朔黄线上设岭庄线路所引出，绕避城市规划，将与朔黄铁路的立交跨越点移至车站西端，上跨既有朔黄线后，接入黄骅南车站站房对侧车场。本线引入黄骅南车站疏解关系示意图如图 2-2 所示。

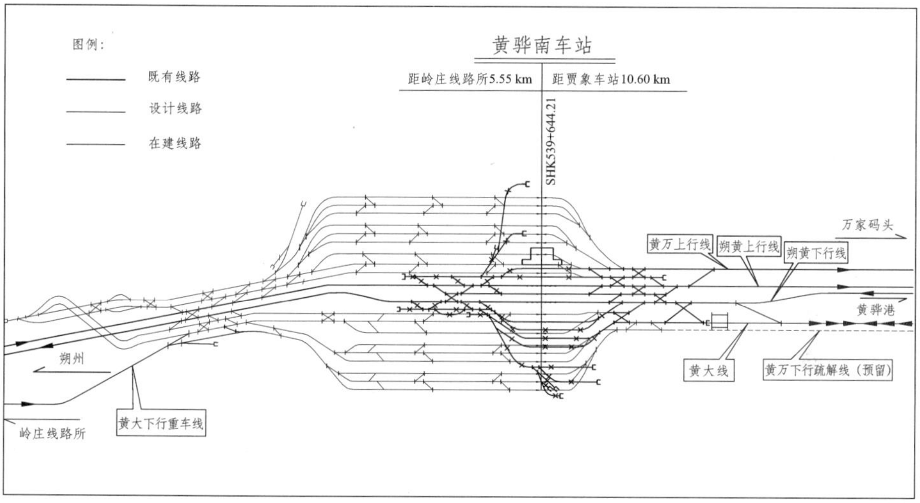


图 2-1　黄骅南站示意图

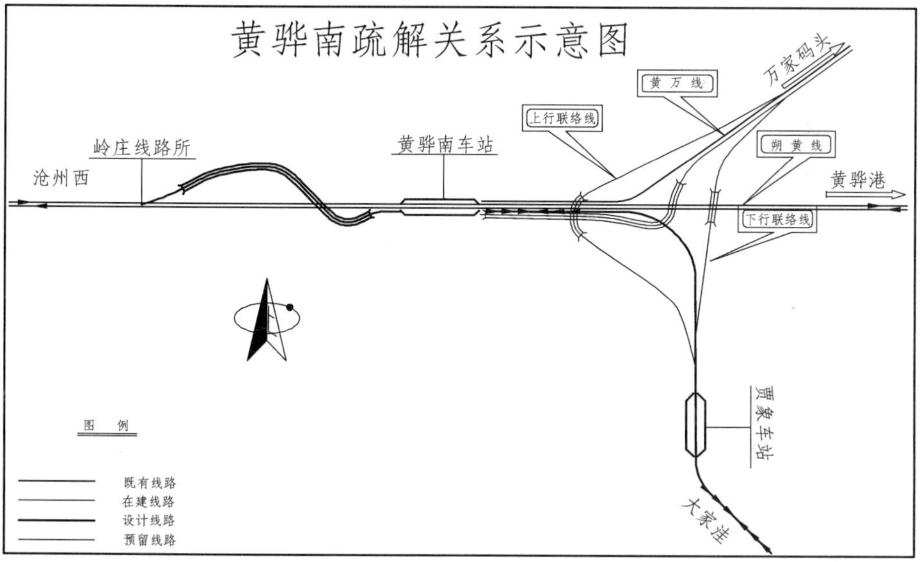


图 2-2　黄骅南站疏解关系示意图

### 3．贾象站

贾象站位于河北省黄骅市境内，中心里程位于黄大线 DK9+218.87 处，隶属黄大铁路公司管辖，如图 2-3 所示。

该站为新建中间站，主要办理货物列车的接发、通过、会让及其他任务。

站房设于正线左侧，设到发线 4 条（含正线 1 节），预留 1 条，到发线有效长均大于 1 800 m；在行车室西侧设基本站台 1 座（50 m × 6 m × 0.3 m）。

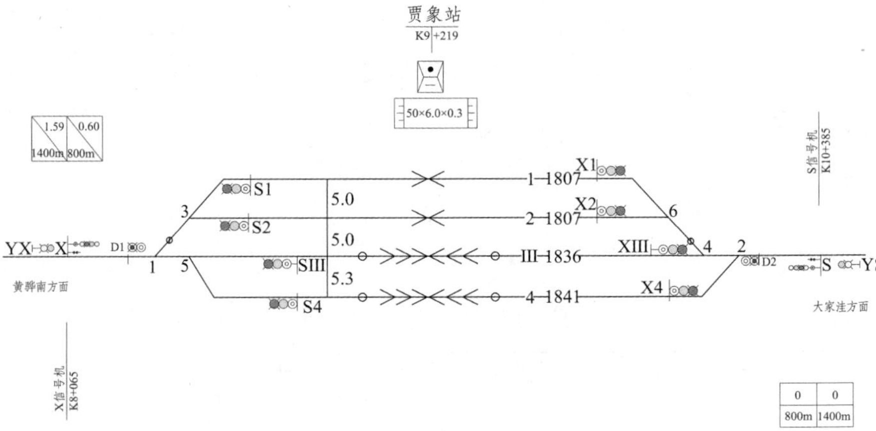


图 2-3　贾象站示意图

## 4．海兴南站

海兴南站位于河北省沧州市海兴县境内，中心里程位于黄大线 DK32+462.26 处，隶属黄大铁路公司管辖，如图 2-4 所示。

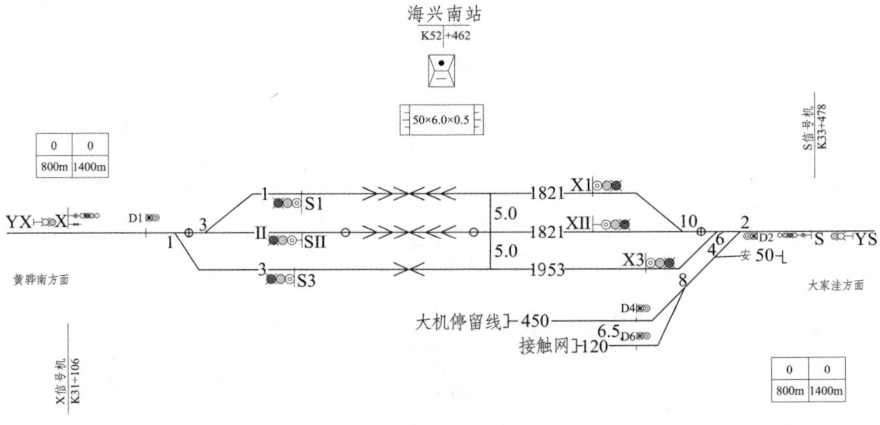


图 2-4　海兴南站示意图

该站为新建中间站，主要办理货物列车的接发、通过、会让及其他作业。

站房位于正线左侧，设到发线 3 条（含正线 1 条），预留 1 条，到发线有效长均大于 1 800 m；在行车室西侧设基本站台 1 座（50 m×6 m×0.3 m），网工区岔线及大机停留线设于站对左侧，大机停留线有效长 450 m，网工区岔线 120 m；站对右侧预留货场 1 处（已征地）。

5．碣石山站

碣石山站位于山东省滨州市无棣县车王镇境内，中心里程位于黄大线 DK59+622.55 处，隶属黄大铁路公司管辖，如图 2-5 所示。

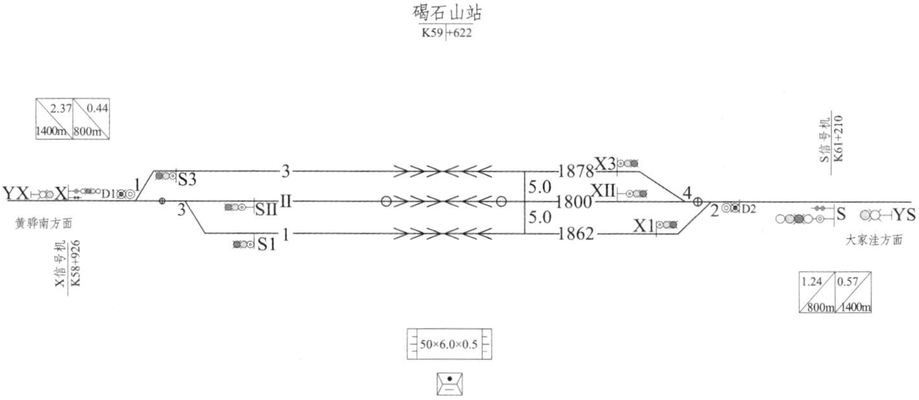


图 2-5　碣石山站示意图

该站为新建中间站，主要办理货物列车的接发、通过、会让及其他任务，功能定位具备散货、集装箱、吨袋能力。正向货品为煤炭；反向货品为磷矿粉、钾肥、氧化铝、原盐。该站吸引范围内主要有鲁北化工厂、鲁北电厂、鑫岳化工、三岳化工及埕口盐场等大型工矿企业。

站房设于正线右侧，设到发线 3 条（含正线），预留 3 条，到发线有效长均大于 1 800 m；在行车室北侧设基本站台 1 座（50 m×6 m×0.3 m），站对侧预留一节卸煤线条件及卸煤场地（已征地 165 亩），站对左侧预留鲁北化工专用线接轨条件。

6．无棣北站

无棣北站位于山东省滨州市无棣县水湾镇境内，中心里程位于黄大线 DK67+622.55 处，隶属黄大铁路公司管辖，如图 2-6 所示。

该站为新建中间站，本站主要办理货物列车接发、通过、会让作业。

站房设于正线左侧，设到发线 3 条（含正线），预留 2 条，到发线有效长均大于等于 1 800 m；在行车室南侧设基本站台 1 座（50 m×6 m×0.3 m），车站设机车停留线、网工区岔线、大机停留线、安全线各 1 节，其中机车停留线 150 m、接触网工区岔线 70 m、大机停留线 450 m、安全线 50 m。

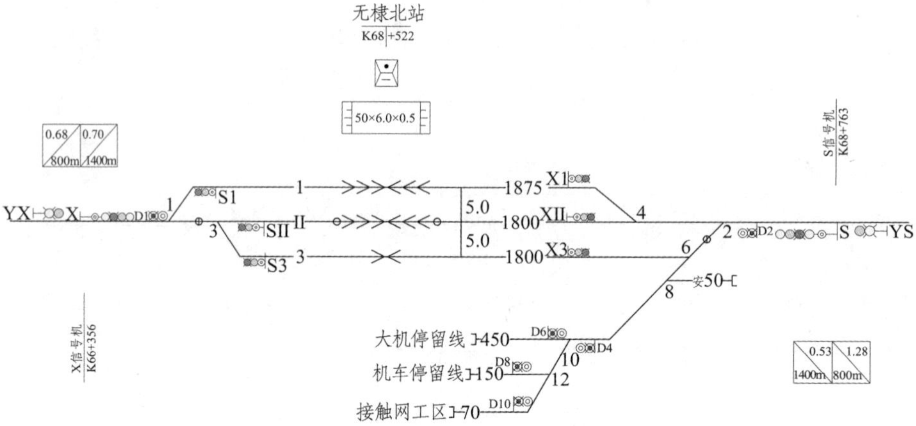


图 2-6　无棣北站示意

7．沾化西站

沾化西站位于山东省滨州市沾化区下洼镇境内，中心里程位于黄大线 DK90+422.55 处，隶属黄大铁路公司管辖，如图 2-7 所示。

该站为新建中间站，主要办理货物列车的接发、通过、会让及其他任务。

站房设于正线左侧，设到发线 3 条（含正线），预留 2 条，到发线有效长均大于 1 800 m；在行车室南侧设基本站台 1 座（50 m×6 m×0.3 m）。

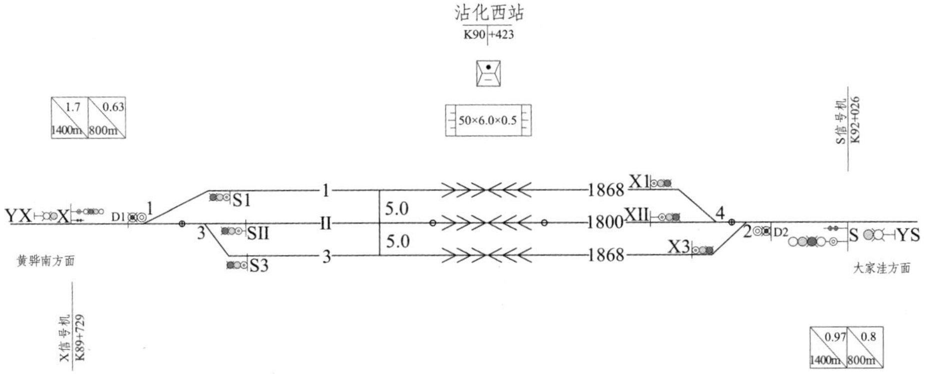


图 2-7　沾化西站示意图

## 8．滨城站

滨城站位于山东省滨州市滨城区秦皇台乡境内，中心里程位于黄大线 DK111+905.32 处，隶属黄大铁路公司管辖，如图 2-8 所示。

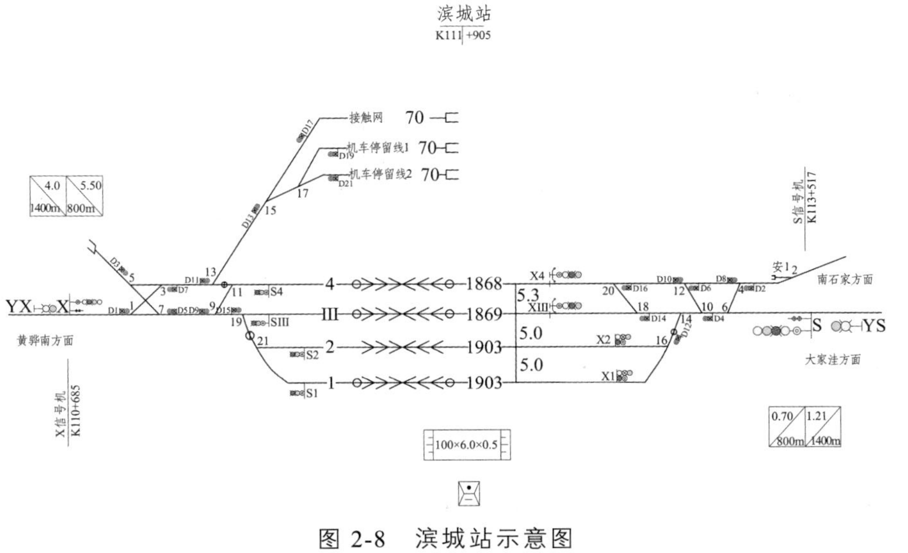


图 2-8　滨城站示意图

该站为新建中间站，主要办理货物列车接发、通过、装卸、解编作业，黄大线四个货运站之一。该站是本线主要货物集散地之一，吸引范围内主要有滨化、滨印、魏桥纺织、金汇玉米、黄河纸业、渤海活塞、亚光及华润纺织等企业和滨城区、惠民县工农业及生活所需及外运物资等。

站房设于正线右侧，设到发线 4 条（含正线），预留 3 条，到发线有效长均大于 1 800 m；在行车室北侧设基本站台 1 座（100 m × 6 m × 0.3 m）；车站设有机车停留线 2 条，有效长均为 150 m；接触网工区一处，线路有效长 120 m；机待线 1 条，有效长 80 m。

车站大家洼端通过滨沾联络线引入南石家卸煤场，滨沾联络线 3.1 km，卸煤场内设卸煤线 1 条、正线 1 条，有效长均为 1 050 m，并计划在南石家线路所接轨小沾线。

滨城站设滨州物流园，征地 460 亩，具备散货、集装箱装卸条件，主要货品：正向为煤炭，反向为铁矿石、大豆、玉米饲料等如图 2-8 和 2-9 所示。

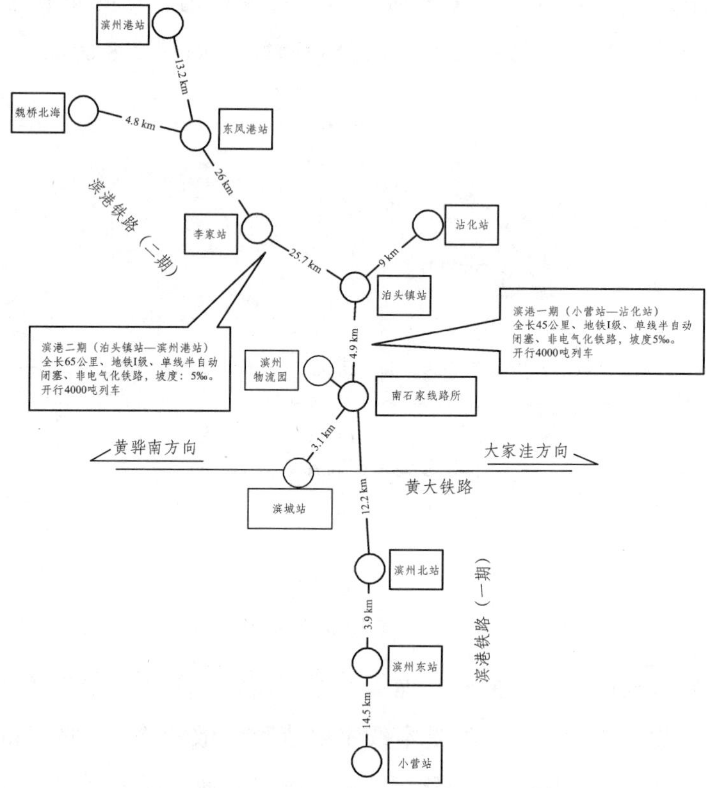


图 2-9　滨城站与滨港铁路接轨示意图

## 9．利津站

利津站位于山东省东营市利津县北宋镇境内，中心里程位于黄大线DK128+009.3处，隶属黄大铁路公司管辖，如图2-10和2-11所示。

该站为新建中间站，主要办理货物列车接发、通过、会让、解编作业，是黄大铁路四个货运站之一。该站主要吸引东营大唐电厂及利津县。到发量主要为利津县所需工农业生产物资及大唐东营电厂用煤量。

站房位于正线右侧，设到发线3条（含正线）为1、Ⅱ、3道；左侧设东营港疏港铁路交接场，交接场设到发线3条为4、Ⅴ、6道，到发线有效长均大于1 800 m，其中3、4、Ⅴ、6道设有腰岔，*A*、*B*端有效长均大于900 m，可进行万吨组合作业。利津站与东营港疏港铁路利津西站接轨，东营港疏港铁路线无法接发万吨列车，需在利津站分解后运往东营港疏港铁路。

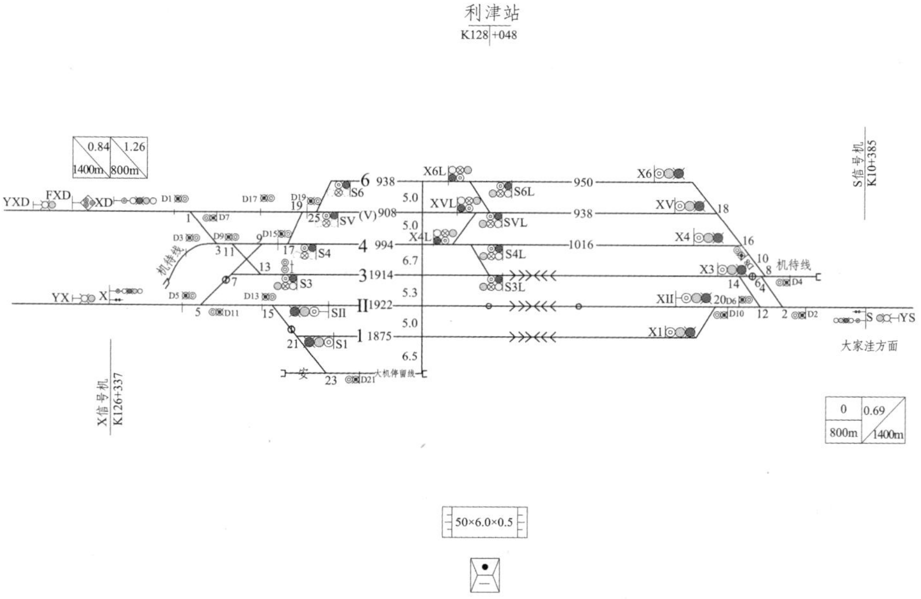


图2-10　利津站示意图

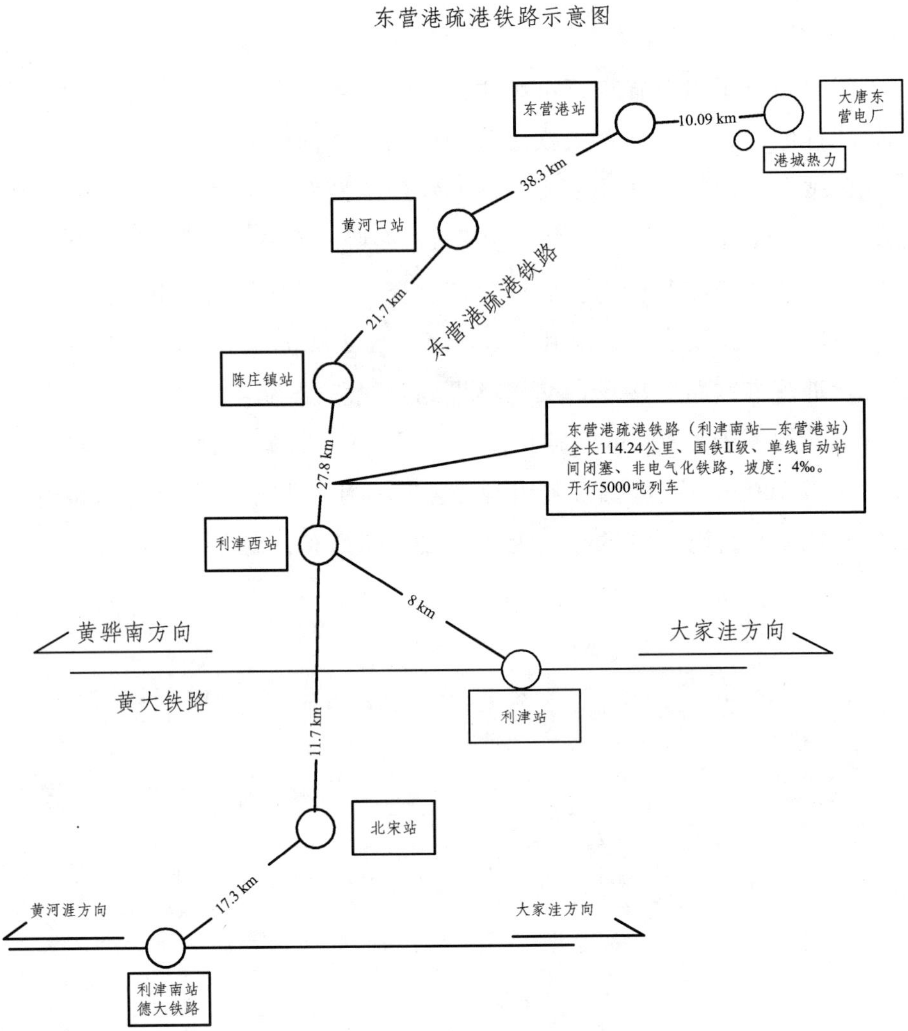


图 2-11　利津站与东营港疏港铁路接轨示意图

在行车室西侧设基本站台 1 座（50 m × 6 m × 0.3 m）；车站设有大机停留线 1 条，有效长 450 m，供线路检修、施工车辆停留；车站两端各设有 1 条机待线供机车停留，有效长均为 90 m；站对左侧预留货场 1 处，站对右侧预留东营电厂专用线接轨条件。

10．油郭站

该站为预留会让站，站房设于正线左侧，预留到发线 3 条（含正线）。

11．东营西站

东营西站位于山东省东营市东营区六户镇境内，中心里程位于黄大线 DK159+570.24 处，隶属黄大铁路公司管辖，如图 2-12 所示。

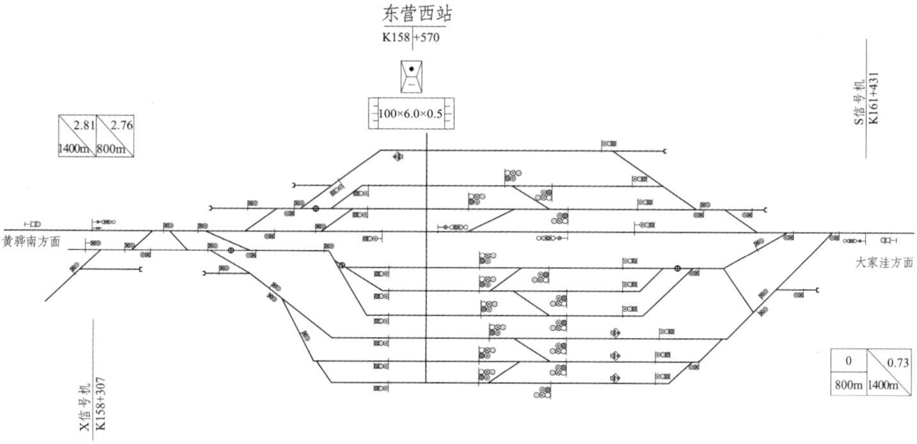


图 2-12　东营西站示意图

该站为新建中间站，本站主要办理货物列车接发、通过、装卸、解编作业，黄大铁路四个货运站之一。该站主要吸引胜利电厂、华泰纸业集团、东营市各区县的小型热电厂及小型炼油厂。

站房设于正线左侧。设到发线 9 条（含正线），预留 3 条，车站到发线有效长度均大于 1 900 m；站同侧设贯通式卸煤线兼到发线 1 条，有效长 1 882 m。车站到发线按 3 条线为 1 个线束，每个线束到发线中部设置拆解、集结道岔，因此该站具备万吨列车拆解、集结条件。

线路右侧设供行车人员使用的站台 1 座（100 m × 6 m × 0.5 m），预留中间站台 1 座。站对右设综合维修段 1 处；为方便组合、分解调车作业，车站黄骅南端设有效长为 550 m 的牵出线 1 条；车站另设机待线 4

条，有效长均为 80 m；安全线 3 条，有效长 50 m；站同右侧预留货场 1 处（征地 335 亩），并在车站黄骅南端预留胜利电厂专用线接轨条件。

12．丁庄站

丁庄站位于山东省东营市广饶县境内，中心里程位于黄大线 DK174+371.01 处，隶属黄大铁路公司管辖，如图 2-13 所示。

该站为新建中间站，主要办理货物列车的接发、通过、会让及其他任务。该站主要吸引广饶县滨海产业园，园区内有广饶盐场、化工企业、盐化企业、广北农场（东营市高效农业生产示范园）、金岭集团等。

站房设于正线左侧，设到发线 3 条（含正线），预留 2 条，到发线有效长均大于 1 050 m；在行车室南侧设基本站台 1 座（50 m × 6 m × 0.3 m），站同左侧预留专用线接轨条件。

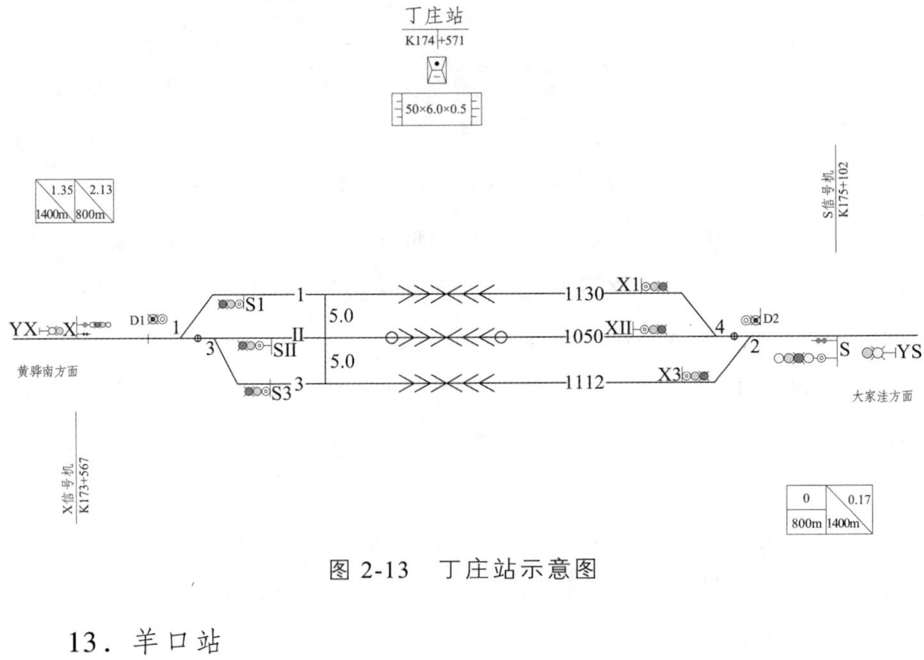


图 2-13　丁庄站示意图

13．羊口站

羊口站位于山东省寿光市羊口镇境内，中心里程位于黄大线

DK196+585.43 处，隶属黄大铁路有限责任公司管辖，如图 2-14 所示。

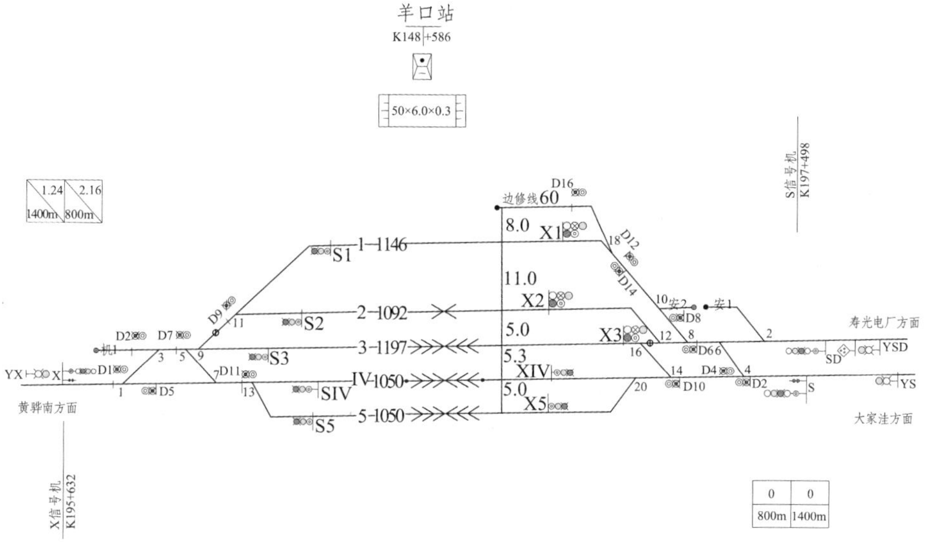


图 2-14　羊口站示意图

该站为新建中间站，本站主要办理货物列车接发、通过、会让作业，是黄大铁路四个货运站之一。该站主要吸引国华寿光电厂，到量主要为电厂用煤量。

站房设于正线左侧，设到发线 5 条（含正线），预留 1 条，到发线有效长均大于 1 050 m，其中 1、2 道由寿光电厂出资；在行车室西侧设基本站台 1 座（50 m × 6 m × 0.3 m）；车站设边修线 1 条，有效长 60 m；设有安全线 2 条，有效长 50 m；车站大家洼端设有国华寿光电厂专用线，羊口站与寿光电厂专用线在羊口站 3 道接轨，专用线为非电气化铁路（无接触网）。

列车进入电厂走行径路为羊口站 3 道—寿光电厂联络线（3.766 km）—益羊铁路宅羊线（16.59 km）—厂内走行线（1.59 km），合计 21.59 km，如图 2-15 所示。

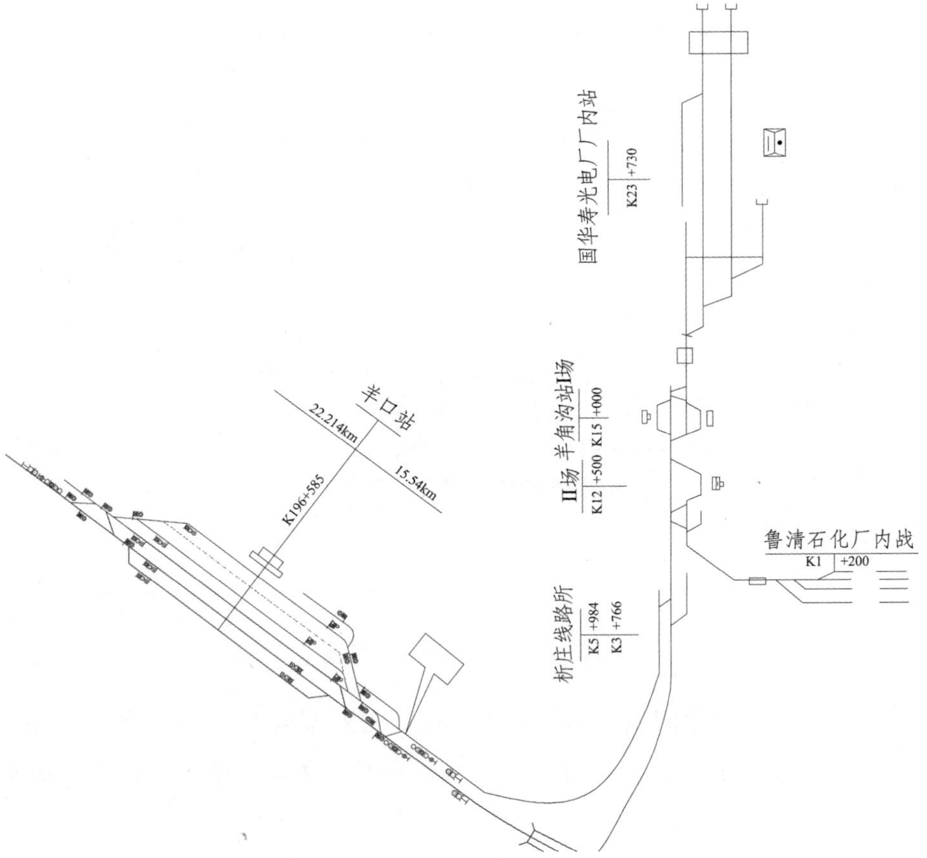


图 2-15 羊口站至寿光电厂走行图

14. 大家洼站

大家洼站为黄大铁路接轨站，同时为益羊地方铁路终点站及大莱龙地方铁路起点站，如图 2-16 所示。

大家洼站正扩建改造为区段站，规模为二级四场，设到发场 2 处、到达场 1 处、调车场 1 处。调车场主要负责德龙烟线以及该地区所连接各支线的列车解体、编组作业。西端设 1 050 m 牵出线 1 条，东端设 550 m 牵出线 1 条，预留有效长延长至 1 050 m。预留驼峰一座，到发场主要办理德大和黄大列车到发作业。

大家洼站到发场设到发线 9 条，其中 1、9 道由黄大铁路出资建设，由大家洼站负责运营管理，调车场设调车线 6 条，预留调车线 2 条，有效长均满足 1 050 m。站房位于正线右侧，并有基本站台 1 座（350 m×5 m×0.5 m）；在站对左新设机务折返所一处。碱厂专用线从站对右引出；货场设于站同左位置，内有 2 条货物线，1 座货物站台。

目前，黄大铁路公司已与山东高速轨道交通集团对接，确定黄大铁路设计、征地、施工终点里程为 DK211+825.24，对应益羊线里程为 K72+825.24 处。

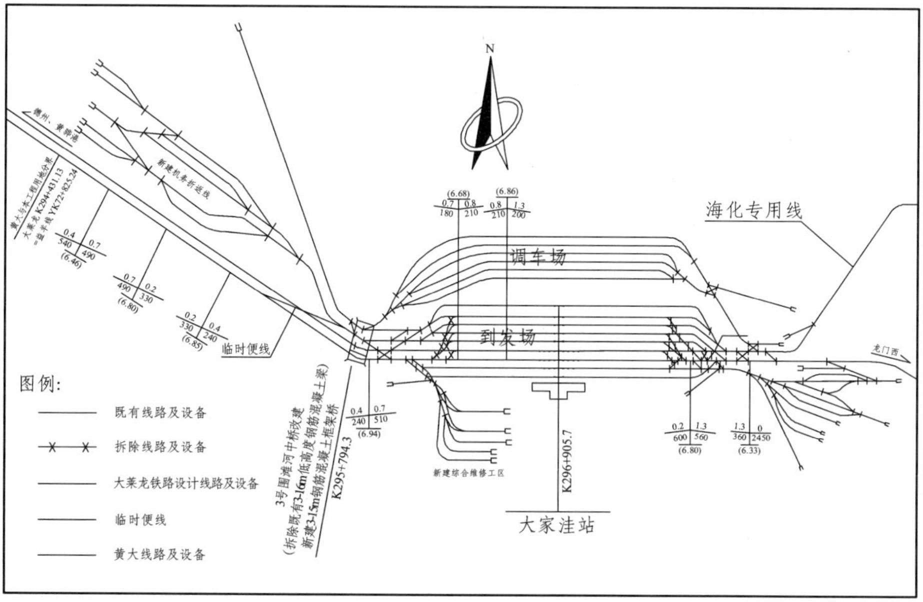


图 2-16　大家洼站示意图

# 第二节　黄大铁路货场

## 1．黄大线货场建设情况

黄大线的初步设计于 2013 年完成，由于河北段地方政府要求改线和提出环保要求等原因，初步设计沿线 8 个货场大部分已不具备实施条件。根据黄大铁路沿线到发货物情况和地域分布，目前黄大铁路管内只在海兴南站、碣石山站、东营西站 3 处车站分别预留货场，并已完成征地手续。如表 2-2 所示。

表 2-2 黄大铁路货场建设情况

| 序号 | 站名 | 类别 | 货场情况 | 是否征地 | 建筑地点 | 备注 |
|---|---|---|---|---|---|---|
| 1 | 海兴南 | 货场 | 预留 | 已征地 64 亩 | 站对右侧（车站黄骅南端） | |
| 2 | 碣石山 | 货场 | 预留 | 已征地 165 亩 | 站对侧预留一节货物线条件及卸货场地（已征地） | |
| 3 | 东营西 | 贯通式货物线 | 预留 | 已征地 220 亩 | 车站同侧 | 长度 1 882 m |

2. 货场辐射范围内的运量

碣石山站货场辐射范围内到达的主要货物是煤炭、磷矿粉、钾肥、液化品及危化品等。其中，煤炭主要是辐射鲁北化工、大唐鲁北等 6 家企业；发送货物主要是氧化铝、原盐至内蒙包头等地。

东营西站货场辐射范围内到达的主要货物是大豆、液化品，其中，大豆辐射企业是万德福实业；液化品辐射神驰石化、海科石化 2 家企业。

经调研，海兴南站货场辐射范围内暂无运量需求。

## 第三节 黄大铁路机务段

黄大线在东营西设机务折返段，负责黄大线机车整备、机车乘务员出退勤等业务，如图 2-17 所示。

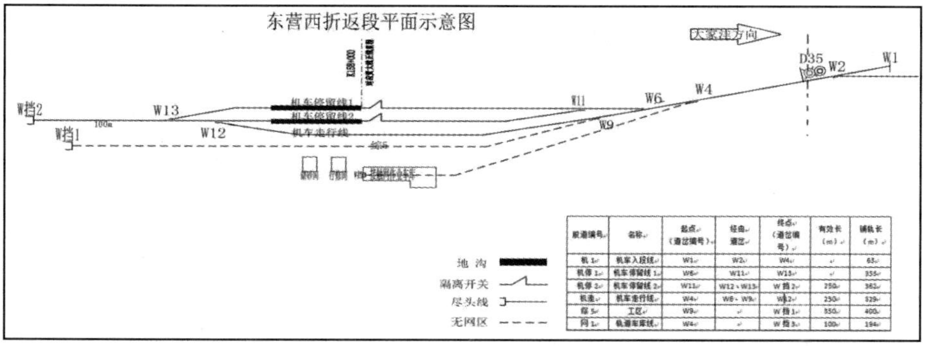


图 2-17　东营西折返段平面示意图

### 1．东营西机务折返段基本情况

东营西折返段位于东营西站西侧，黄大铁路正线公里标 K158+000。段内共设 5 条线路，机车整备线 2 条、机车走行线 1 条、综 5 工区线 1 条、轨道车库线 1 条。其中综 5、轨道车库线无接触网。机车停留线机车检查地沟东端设隔离开关（手动隔离开关）。折返段共有道岔 6 组，辙叉型号均为 9 号。联锁方式为非集中联锁。

### 2．东营西机务折返段整备能力（预测）

东营西折返段为东营西站非集中联锁区段，电力机车整备线 2 条，每节整备线均设有长 70 m 的检查坑，预算整备能力为 48 台/日（单台）。

## 第四节　黄大铁路车站道岔

（1）黄大铁路铺设道岔采用 12 号或 9 号。一般到发线均采用 12 号道岔，安全线、段管线等均采用 9 号道岔。

（2）除羊口站 1、2 道为 9 号道岔侧向道岔限速 30 km/h 外，其余各站侧向道岔均采用 12 号道岔限速 45 km/h。

具体如表 2-3 所示。

表 2-3　黄大线各站道岔限速

| 序号 | 站名 | 所在位置 | 限速原因 | 限制速度/(km/h) |
| --- | --- | --- | --- | --- |
| 1 | 贾象 | 1、4 道 | 12 号道岔侧向 | 45 |
| | | 2 道 | 12 号道岔侧向 | 45 |
| 2 | 海兴南 | 1、3 道 | 12 号道岔侧向 | 45 |
| | | 大机 1、网 1、安 1 | 9 号道岔侧向 | 30 |
| 3 | 碣石山 | 1、3 道 | 12 号道岔侧向 | 45 |
| 4 | 无棣北 | 1、3 道 | 12 号道岔侧向 | 45 |
| | | 机停 1、大机 1、网 1、安 1 | 9 号道岔侧向 | 30 |
| 5 | 沾化西 | 1、3 道 | 12 号道岔侧向 | 45 |
| 6 | 滨城 | 1、2、4 道 | 12 号道岔侧向 | 45 |
| | | 机停 1、机停 2、网 1、机待 2、安 1 | 9 号道岔侧向 | 30 |
| | | 机待 1 | 12 号道岔侧向 | 45 |
| 7 | 利津 | 1 道 | 12 号道岔侧向 | 45 |
| | | 3-6 道 | 腰岔 12 号道岔侧向 | 45 |
| | | 安 1、机待 1、机待 2、大机 1 | 12 号道岔侧向 | 45 |
| 8 | 东营西 | 1、2 道、4-9 道 | 腰岔 9 号道岔侧向 | 30 |
| | | 2、3 道 | 腰岔 12 号道岔侧向 | 45 |
| | | 机待 1、机待 3、机待 4、安 2、安 3、 | 12 号道岔侧向 | 45 |
| | | 机 1、机 2、机走线、综 5、网 1、安 1、牵出线、机待 2 | 9 号道岔侧向 | 30 |
| 9 | 丁庄 | 1、3 道 | 12 号道岔侧向 | 45 |
| 10 | 羊口 | 1、2 道 | 9 号道岔侧向 | 30 |
| | | 3 道 | 12 号道岔侧向 | 45 |
| | | 5 道 | 12 号道岔侧向 | 45 |
| | | 安 1、机待 1、机待 2、边修线 | 9 号道岔侧向 | 30 |

# 第五节　黄大铁路闭塞方式及联锁设备

黄大线采用单线自动站间闭塞方式，且具备转为半自动闭塞方式的条件。

全线采用 EI32-JD 型计算机联锁（除东营西折返段）。

# 第六节　黄大铁路供电设备

黄大铁路各站供电相关设备如下。

1. 贾象站

具体参数如表 2-4 所示。

表 2-4　贾象站供电设备

| 设备名称 | 负荷级别 | 主电源 | | 副电源 | | 有无发电机 | 有无自动转换 |
|---|---|---|---|---|---|---|---|
| | | 来源 | 容量 | 来源 | 容量 | | |
| 信号楼电源 | I | 运转综合楼 | 166.5 kW | | | 无 | 无 |
| 通信机械室 | I | 通信信号变箱 63 kV·A | 15 kW | 通信信号箱变 250 kV·A | 15 kW | 无 | 有 |
| 信号机械室 | I | 通信信号箱变 63 kV·A | 25 kW | 通信信号箱变 250 kV·A | 25 kW | 无 | 无 |

电气化区段设备：

（1）牵引供电来源：既有黄骅南变电所。

（2）供电范围：黄骅南 541 km 817 m（朔黄）—贾象站（含）—海兴南 DK33+372。

（3）接触网高度：6 000 mm。

（4）接触网分相、分段绝缘器位置。

黄骅南至贾象区间：朔黄 541 km 800 m，支柱号车 36#—车 37#—车 38#；贾象至海兴南区间：DK21+242，支柱号 279#—280#—281#。

（5）接触网终点标：无。

贾总站电动隔离开关位置如表 2-5 所示。

表 2-5 贾总站电动隔离开关位置

| 站场及区间 | 开关所在支柱号 | 开关类型 | 里程 |
|---|---|---|---|
| 黄骅南至贾象区间 | G33 | 电动隔离开关 | 朔黄 541 km 830 m |
| 贾象车站 | 4 | 电动隔离开关 | DK8+4 |
| 贾象至海兴南区间 | 205 | 电动隔离开关 | DK21+148 |

（6）电力机车禁停标位置：无。

2．海兴南站

具体参数如表 2-6 所示。

表 2-6 海兴南站供电设备

| 设备名称 | 负荷级别 | 主电源 | | 副电源 | | 有无发电机 | 有无自动转换 |
|---|---|---|---|---|---|---|---|
| | | 来源 | 容量 | 来源 | 容量 | | |
| 信号楼电源 | I | 运转综合楼 | 97 kW | 无 | 无 | 无 | 无 |
| 通信机械室 | I | 通信信号箱变 100 kV · A | 15 kW | 通信信号箱变 250 kV ·A | 15 kW | 无 | 有 |
| 信号机械室 | I | 通信信号 100 kV · A | 25 kW | 通信信号箱变 250 kV ·A | 25 kW | 无 | 无 |

电气化区段设备：

（1）牵引供电来源：李贝孙变电所。

（2）供电范围：贾象站 DK21+242—海兴南站（含）—碣石山站（含）—无棣北站（含）—沾化西站 DK75+477。

（3）接触网高度：6 000 mm。

（4）接触网分相、分段绝缘器位置。

贾象至海兴南区间：DK21+242，支柱号 279#—280#—281#；海兴南至碣石山区间：DK50+070，支柱号 342#—343#—344#。

（5）接触网终点标：无。

海兴南站电动隔离开关位置如表 2-7 所示

表 2-7　海兴南站电动隔离开关位置

| 站场及区间 | 开关所在支柱号 | 开关类型 | 里程 |
|---|---|---|---|
| 贾象至海兴南区间 | 205 | 电动隔离开关 | DK21+148 |
| 海兴南车站 | 94 | 电动隔离开关 | DK33+452 |
| 海兴南至碣石山区间 | G5 | 电动隔离开关 | DK50+020 |

（6）电力机车禁停标位置：无。

3．碣石山站

具体参数如表 2-8 所示。

表 2-8　碣石山站供电设备

| 设备名称 | 负荷级别 | 主电源 | | 副电源 | | 有无发电机 | 有无自动转换 |
|---|---|---|---|---|---|---|---|
| | | 来源 | 容量 | 来源 | 容量 | | |
| 信号楼电源 | I | 运转综合楼 | 166.5 kW | | | 无 | 无 |
| 通信机械室 | I | 通信信号箱变 63 kV·A | 15 kW | 通信信号箱变 50 kV·A | 15 kW | 无 | 有 |
| 信号机械室 | I | 通信信号箱变 63 kV·A | 20 kW | 通信信号箱变 50 kV·A | 20 kW | 无 | 无 |

电气化区段设备：

（1）牵引供电来源：李贝孙变电所。

（2）供电范围：贾象站 DK21+242—海兴南站（含）—碣石山站

（含）—无棣北站（含）—沾化西站 DK75+477。

（3）接触网高度：6 000 mm。

（4）接触网分相、分段绝缘器位置：DK50+070，支柱号 342#—343#—344#。

（5）接触网终点标：无。

碣石山站电动隔离开关位置如表 2-9 所示。

表 2-9　碣石山站电动隔离开关位置

| 站场及区间 | 开关所在支柱号 | 开关类型 | 里程 |
|---|---|---|---|
| 海兴南至碣石山区间 | G5 | 电动隔离开关 | DK50+020 |
| 碣石山站 | 4 | 电动隔离开关 | DK58+822 |

（6）电力机车禁停标位置：无。

4．无棣北站

具体参数如表 2-10 所示。

表 2-10　无棣北站供电设备

| 设备名称 | 负荷级别 | 主电源 | | 副电源 | | 有无发电机 | 有无自动转换 |
|---|---|---|---|---|---|---|---|
| | | 来源 | 容量 | 来源 | 容量 | | |
| 信号楼电源 | I | 运转综合楼 | 177.3 kW | 无 | 无 | 信号楼电源 | I |
| 通信机械室 | I | 通信信号箱变 100 kV · A | 15 kW | 通信信号箱变 250 kV ·A | 15 kW | 通信机械室 | I |
| 信号机械室 | I | 通信信号箱变 100 Kv · A | 25 kW | 通信信号箱变 250 kV ·A | 25 kW | 信号机械室 | I |

电气化区段设备：

（1）牵引供电来源：李贝孙变电所。

（2）供电范围：海兴南（含）—碣石山（含）—无棣北（含）—沾化西（不含）。

（3）接触网高度：6 000 mm。

（4）接触网分相、分段绝缘器位置：无棣北—沾化西区间 DK75+467 设分相绝缘器，无棣北车站 DK68+255 设分段绝缘器。

（5）接触网终点标：无棣北车站 DK68+936。

无棣北站隔离开关位置如表 2-11 所示。

表 2-11　无棣北站隔离开关位置

| 站场及区间 | 开关所在支柱号 | 开关类型 | 里程 |
| --- | --- | --- | --- |
| 无棣北站 | 2 | 电动隔离开关 | DK66+215 |
| 无棣北站 | J5 | 手动隔离开关 | DK68+255 |
| 无棣北至沾化区间 | 135 | 电动隔离开关 | DK75+412 |

（6）电力机车禁停标位置：无。

## 5．沾化西站

具体参数如表 2-12 所示。

表 2-12　沾化西站供电设备

| 设备名称 | 负荷级别 | 主电源 | | 副电源 | | 有无发电机 | 有无自动转换 |
| --- | --- | --- | --- | --- | --- | --- | --- |
| | | 来源 | 容量 | 来源 | 容量 | | |
| 信号楼电源 | I | 运转综合楼 | 166.5 kW | | | 无 | 无 |
| 通信机械室 | I | 通信信号箱变 63 kV·A | 15 kW | 通信信号箱变 250 kV·A | 15 kW | 无 | 有 |
| 信号机械室 | I | 通信信号箱变 63 kV·A | 20 kW | 通信信号箱变 250 kV·A | 20 kW | 无 | 无 |

电气化区段设备：

（1）牵引供电来源：程井变电所。

（2）供电范围：无棣北 DK68+562—沾化西站（含）—滨城站（含）—利津站 DK125+874。

（3）接触网高度：6 000 mm。

（4）接触网分相、分段绝缘器位置：沾化西至滨州区间 DK101+820，支柱号 210#—211#—212#，无棣北—沾化西区间 DK75+467，支柱号 135#—136#—137#。

（5）接触网终点标：无。

沾化西站隔离开关如表 2-13 所示。

表 2-13 沾化西站隔离开关位置

| 站场及区间 | 开关所在支柱号 | 开关类型 | 里程 |
|---|---|---|---|
| 无棣北至沾化区间 | 135 | 电动隔离开关 | DK75+412 |
| 沾化西站 | 94 | 电动隔离开关 | DK 92+102 |
| 沾化西至滨州区间 | 212 | 电动隔离开关 | DK 102+611 |

（6）电力机车禁停标位置：无。

6．滨城站

具体参数如表 2.14 所示

表 2-14 滨城站供电设备

| 设备名称 | 负荷级别 | 主电源 | | 副电源 | | 有无发电机 | 有无自动转换 |
|---|---|---|---|---|---|---|---|
| | | 来源 | 容量 | 来源 | 容量 | | |
| 信号楼电源 | I | 贯通线引入 XB1 | 100 kV·A | 程井变电所区间站馈引入 XB1 | 200 kV·A | 无 | 有 |
| 通信机械室 | I | 贯通线引入 XB1 | 100 kV·A | 程井变电所区间站馈引入 XB1 | 200 kV·A | 无 | 有 |

电气化区段设备：

（1）牵引供电来源：程井变电所。

（2）供电范围：滨城站。

（3）接触网高度：6 000 mm。

（4）接触网分相、分段绝缘器位置：

沾化西—滨城区间 DK101+820 设分相绝缘器；

滨城—利津区间 DK126+965 设分相绝缘器；

滨城站机车停留线 1 DK1111+070，机车停留线 2 DK111+070，DK113+520.32 设分段绝缘器。

（5）接触网终点标：滨城站 DK110+681.82；DK111+435.32；DK111+435.32；DK113+535.32。

滨城站隔离开关位置如表 2-15 所示。

表 2-15　滨城站隔离开关位置

| 站场及区间 | 开关所在支柱号 | 开关类型 | 里程 |
|---|---|---|---|
| 滨城站 | 4# | 电动隔离开关 | DK110+631.82 |
| 滨城站 | J9 | 带接地刀闸手动隔离开关 | DK111+273.32 |
| 滨城站 | J10 | 带接地刀闸手动隔离开关 | DK111+273.32 |

（6）电力机车禁停标位置：无。

7．利津站

具体参数如表 2-16 所示

表 2-16　利津站供电设备

| 设备名称 | 负荷级别 | 主电源 | | 副电源 | | 有无发电机 | 有无自动转换 |
|---|---|---|---|---|---|---|---|
| | | 来源 | 容量 | 来源 | 容量 | | |
| 信号楼电源 | I | 贯通线引入 XB1 | 100 kV·A | 外部电源引入 XB1 | 200 kV·A | 无 | 有 |
| 通信机械室 | I | 贯通线引入 XB1 | 100 kV·A | 外部电源引入 XB1 | 200 kV·A | 无 | 有 |

电气化区段设备：

（1）牵引供电来源：程井变电所、油郭变电所。

（2）供电范围：滨城（不含）—利津（含）—东营西（含）—丁庄（含）。

（3）接触网高度：6 000 mm。

（4）接触网分相、分段绝缘器位置：滨城—利津 DK126+965 设分相绝缘器，分相支柱号 315#；316#；317#；利津—东营西 DK151+000.24 设分相绝缘器，分相支柱号 570#；571#；572#。

（5）接触网终点标：利津站 DK126+279.3；DK129+089.3。

利津站隔离开关位置如表 2-17 所示。

表 2-17　利津站隔离开关位置

| 站场及区间 | 开关所在支柱号 | 开关类型 | 里程 |
| --- | --- | --- | --- |
| 滨城至利津 | 315# | 电动隔离开关 | DK125+829.3 |
| 利津车站 | 110# | 带接地刀闸手动隔离开关 | DK128+879.3 |
| | 120# | 电动隔离开关 | DK129+119.3 |
| 利津车站至东营西站区间 | G5# | 电动隔离开关 | DK151+100.24 |

（6）电力机车禁停标位置：无。

8．东营西站

具体参数如表 2-18 所示。

表 2-18　东营西站供电设备

| 设备名称 | 负荷级别 | 主电源 | | 副电源 | | 有无发电机 | 有无自动转换 |
| --- | --- | --- | --- | --- | --- | --- | --- |
| | | 来源 | 容量 | 来源 | 容量 | | |
| 信号楼电源 | I | 贯通线引入 XB7 | 80 kV · A | 10 kV 配电所站馈二引入 XB7 | 250 kV · A | 无 | 有 |
| 通信机械室 | I | 贯通线引入 XB7 | 80 kV · A | 10 kV 配电所站馈二引入 XB7 | 250 kV · A | 无 | 有 |

电气化区段设备：

（1）牵引供电来源：油郭变电所。

（2）供电范围：利津（含）—东营西（含）—丁庄（含）。

（3）接触网高度：6 000 mm。

（4）接触网分相、分段绝缘器位置：

利津—东营西 DK151+000.24 设分相绝缘器，分相支柱号 570#、571#、572#分段绝缘器。

具体如表 2-19 所示。

表 2-19　东营西站接触网分相、分段绝缘器位置

| 站场及区间 | 里　程 |
|---|---|
| 东营西站 | 机车停留线 1 DK157+912.2 |
| | 机车停留线 2 DK157+912.2 |
| | 机车停留线 1 DK158+012.2 |
| | 机车停留线 2 DK158+012.2 |
| | 机 1 线 DK158+292.2 |
| | DK158+568.2 |
| | Ⅲ道 DK158+597.2 |
| | 9-11 号岔间渡线 DK158+720.2 |
| | 13-15 号岔间渡线 DK158+720.2 |
| | 卸车线 DK159+015.2 |
| | 安 2 线 DK160+878.2 |
| | 14-12 号岔间渡线 DK161+140.2 |

（5）接触网终点标：东营西站 DK157+120.2、DK157+810、DK158+600、DK158+790、DK161+250、DK161+345。

东营西站电动隔离开关位置如表 2-20 所示。

表 2-20　东营西站电动隔离开关位置

| 站场及区间 | 开关所在支柱号 | 开关类型 | 里程 |
|---|---|---|---|
| 利津车站至东营西站区间 | G5# | 电动隔离开关 | DK151+100.241 |
| 东营西站 | J14# | 手动隔离开关 | DK158+005.24 |
| | J13# | 手动隔离开关 | DK158+005.24 |
| | J27# | 手动隔离开关 | DK158+300.24 |
| | 14# | 电动隔离开关 | DK158+258.24 |
| | 27# | 手动隔离开关 | DK158+566.24 |
| | 64# | 手动隔离开关 | DK159+010.24 |
| | 244-1# | 手动隔离开关 | DK161+288.24 |

（6）电力机车禁停标位置：无。

9．丁庄站

具体参数如表 2-21 所示。

表 2-21　丁庄站供电设备

| 设备名称 | 负荷级别 | 主电源 | | 副电源 | | 有无发电机 | 有无自动转换 |
|---|---|---|---|---|---|---|---|
| | | 来源 | 容量 | 来源 | 容量 | | |
| 信号楼电源 | I | 贯通线引入 XB1 | 100 kV · A | 外部电源引入 XB1 | 200 kV · A | 无 | 有 |
| 通信机械室 | I | 贯通线引入 XB1 | 100 kV · A | 外部电源引入 XB1 | 200 kV · A | 无 | 有 |

电气化区段设备：

（1）牵引供电来源：油郭变电所；羊口牵引变电所。

（2）供电范围：东营西（含）—丁庄（含）。

（3）接触网高度：6 000 mm。

（4）接触网分相、分段绝缘器位置。

东营西—丁庄 DK175+546，分相支柱号 3#、4#、5#。

（5）接触网终点标：无。

丁庄站隔离开关位置如表 2-22 所示。

表 2-22　丁庄站隔离开关位置

| 站场及区间 | 开关所在支柱号 | 开关类型 | 里程 |
|---|---|---|---|
| 丁庄车站 | 5# | 电动隔离开关 | DK173+470.24 |

（6）电力机车禁停标位置：无。

### 10．羊口站

具体参数如表 2-23 所示。

表 2-23　羊口站供电设备

| 设备名称 | 负荷级别 | 主电源 | | 副电源 | | 有无发电机 | 有无自动转换 |
|---|---|---|---|---|---|---|---|
| | | 来源 | 容量 | 来源 | 容量 | | |
| 信号楼电源 | I | 贯通线引入 XB1 | 80 kV·A | 寿光电厂引入 XB1 | 315 kV·A | 无 | 有 |
| 通信机械室 | I | 贯通线引入 XB1 | 80 kV·A | 寿光电厂引入 XB1 | 315 kV·A | 无 | 有 |

电气化区段设备：

（1）牵引供电来源：羊口牵引变电所。

（2）供电范围：丁庄（不含）—羊口（含）。

（3）接触网高度：6 000 mm。

（4）接触网分相、分段绝缘器位置。

丁庄—羊口 DK195+215.43，分相支柱号 440#、441#、442#。

（5）接触网终点标：DK195+705.43、DK197+335.43。

羊口站隔离开关位置如表 2-24 所示。

表 2-24　羊口站隔离开关位置

| 站场及区间 | 开关所在支柱号 | 开关类型 | 里程 |
| --- | --- | --- | --- |
| 丁庄车站至羊口车站区间 | 3# | 电动隔离开关 | DK175+480.011 |
| 羊口车站 | G21# | 电动隔离开关 | DK195+201.43 |

（6）电力机车禁停标位置：无。

## 第七节　黄大铁路通信设备

黄大线黄骅南至大家洼采用 1 785 ~ 1 795 MHz 频段 10 MHz 带宽的 LTE 列车无线调度通信系统。利用肃宁北既有本地移动交换网，在羊口和大家洼站新设基站（BBU+RRU），区间新设 RRU，采用单层网络结构。

黄大铁路各站均配有一定数量的有线通信设备和无线通信设备。

有线通信设备为数字调度电话以及路用自动电话。

无线通信设备为 TDD-LTE 型列车无线调度通信设备以及列车无线调度通信设备便携台（LTE 手持终端）。东营西站配备设备为 ELTRAIN-700D 型列车无线调度通信设备以及 GP3688 型列车无线调度通信设备便携台。

## 第八节　车站行车信息系统

1．设备概况

车站采用 CTC 系统的 FZK-CTC 系统功能，系统包括列车运行监视、车次号自动跟踪、到发点自动采集、实际运行图自动生成、调度命令的网络下达、车站行车日志生成等。

2．主要操作流程、功能

（1）车号员。

具体如表 2-25 所示。

表 2-25

| | |
|---|---|
| 到达确报处理 | 到达确报是实现车站现车管理的基础，该功能的目标是实现自动接收从车站的上级单位转发到本站的确报，并提供方便的确报查询、编辑、修改、打印手段，并能在实施了自动抄车号设备的车站，有效利用自动抄车号信息，减轻车号员的工作强度。对已经转入现车库的历史确报信息具有方便的查询和维护手段 |
| 取消列车编组 | 是生成列车编组的逆过程 |
| 列车出发及发报 | 该功能的目标是对编组好的车列进行出发报点、列车出发处理、打印出发确报。当出发操作有误时，能够恢复现场。在实施了自动抄车号设备的车站，当列车出发后，利用自动抄车号信息对确报自动核对。对出发列车确报可进行综合查询、打印和编辑处理 |

（2）车站值班员。

具体如表 2-26 所示。

表 2-26

| | |
|---|---|
| 到达行车日志填写 | 自动产生列车到达日志，对到达列车，以列车车次为条件从到达确报库中找出相关信息，进行到达日志登记 |
| 出发行车日志填写 | 自动产生列车出发日志，对出发列车，以列车车次为条件从出发确报库中找出相关信息，进行出发日志登记 |
| 列车出发报告 | 将出发信息转化成“列车出发报告”约定格式，调用通信接口部分的发送处理程序报车站的上级单位 |
| 行车日志打印 | 按指定格式查询、打印到/发行车日志信息 |
| 读取 FZK-CTC 信息 | 从 FZK-CTC 读取列车运行信息，提示列车进路准备信息 |
| 调度命令的操作管理 | 签收、打印调度命令 |
| 阶段计划的操作 | 车站签收阶段计划 |

3．维护机制

所有计算机设备都属于运输设备，车站具有保管、使用的责任，发现设备有问题要及时通知设备管理单位。

# 第三章 黄大铁路区域内路网及主要企业概况

黄大铁路全线共规划建设 3 节铁路联络线和 4 节铁路专用线。

3 节铁路联络线分别为东营疏港铁路联络线、大莱龙铁路联络线、滨港铁路联络线。目前东营疏港铁路联络线已经建成、大莱龙铁路可通过益羊铁路间接联通，滨港铁路联络线相关接轨工作正在协商洽谈中。

4 节铁路专用线分别是国华寿光电厂专用线、国电博兴专用线、东营胜利电厂专用线、大唐鲁北电厂专用线。目前只有国华寿光电厂专用线建设完成。其他专用线由于电厂缓建或者项目未启动的原因，暂时还未启动前期工作。

分界口站依次为黄骅南站、滨城站、利津站、羊口站、大家洼 5 个车站。

黄大铁路区域路网构成及周边企业分布示意图如图 3-1 所示。

国能黄大铁路周边路网示意图

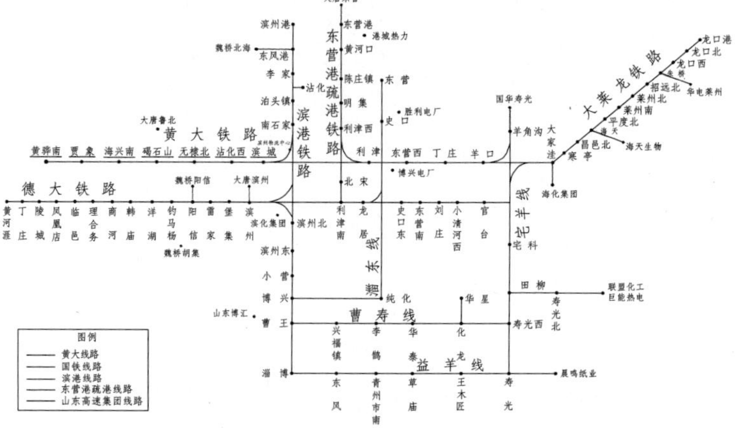


图 3-1 国能黄大铁路周边路网示意图

# 第一节　黄大铁路接轨铁路基本情况

## 1. 滨港铁路

滨港铁路示意图如图 3-2 所示。

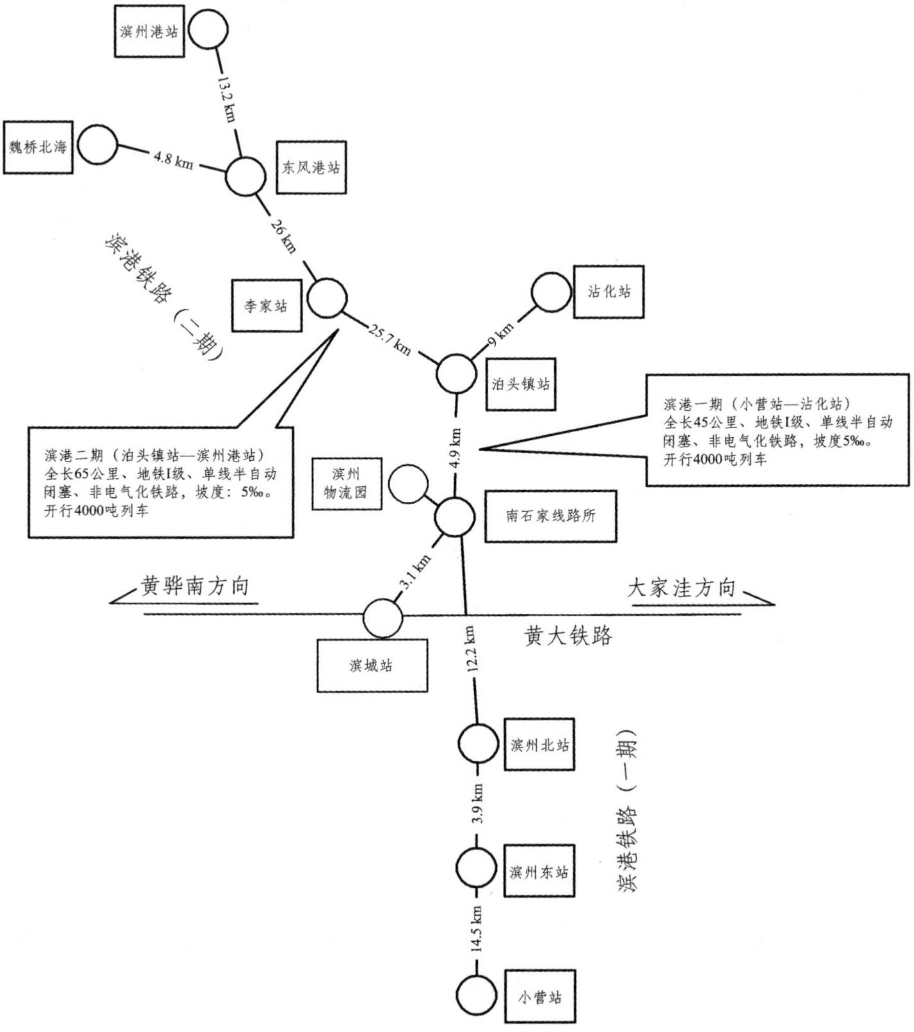

图 3-2　滨港铁路示意图

滨港铁路全长 110 km，分为滨港铁路一期和滨港铁路二期。滨港铁路一期（小营至沾化段）自国铁小营站接轨，途经博兴县、高新技术开发区，滨城区，沾化区，线路全长 45 km（小营至滨州段 19 km，滨州至沾化段 26 km），共设 4 个站，即小营站、滨州北站、泊头镇站、沾化站，于 2004 年开工建设，2009 年建成通车，委托中国铁路济南局集团有限公司代管运营。

滨港铁路二期（泊头镇站至滨州港段）自小沾铁路泊头镇站接轨，途经沾化区、无棣北县、北海经济开发区，线路全长 65 km，于 2016 年 6 月开工建设，已于 2021 年完成动态验收工作，共设 4 个站，即泊头镇、李家站、东风港站、滨州港站。等级为地铁 I 级，单线半自动闭塞非电气化铁路，各站到发线有效长为 850 m（东风港站除外），预留 1 050 m 线路改造条件。

### 2. 东营港疏港铁路

东营港疏港铁路与德大铁路、黄大铁路接轨，通过德大铁路与全国路网接通，通过黄大铁路与国家能源集团煤炭运输通道相连。线路总长度 114.24 km，东营港站和黄河口站均设有货场，东营港站设有危化品专用线（预留成品油配套装卸设施建设条件），如图 3-3 所示。

东营港疏港铁路共设有 11 个车站，近期开通 7 个车站，预留会让站 4 个。其中区段站 1 个，为东营港站；中间站 4 个，分别为北宋站、利津西站、陈庄镇站和黄河口站；接轨站 2 个，分别为利津南站、利津站。

### 3. 益羊铁路

益羊铁路主要承担青州与大家洼及其以远货物运输。益羊线在东宅科站侧向接德大线，德大线通过东宅科站后单线（预留双线）进入大家洼站。益羊线共设 9 个车站：中间站 5 个，接轨站 4 个（青州南站、宅科站、东宅科站、大家洼站），到发线有效长 1 050 m（大家洼站除外），如图 3-4 所示。

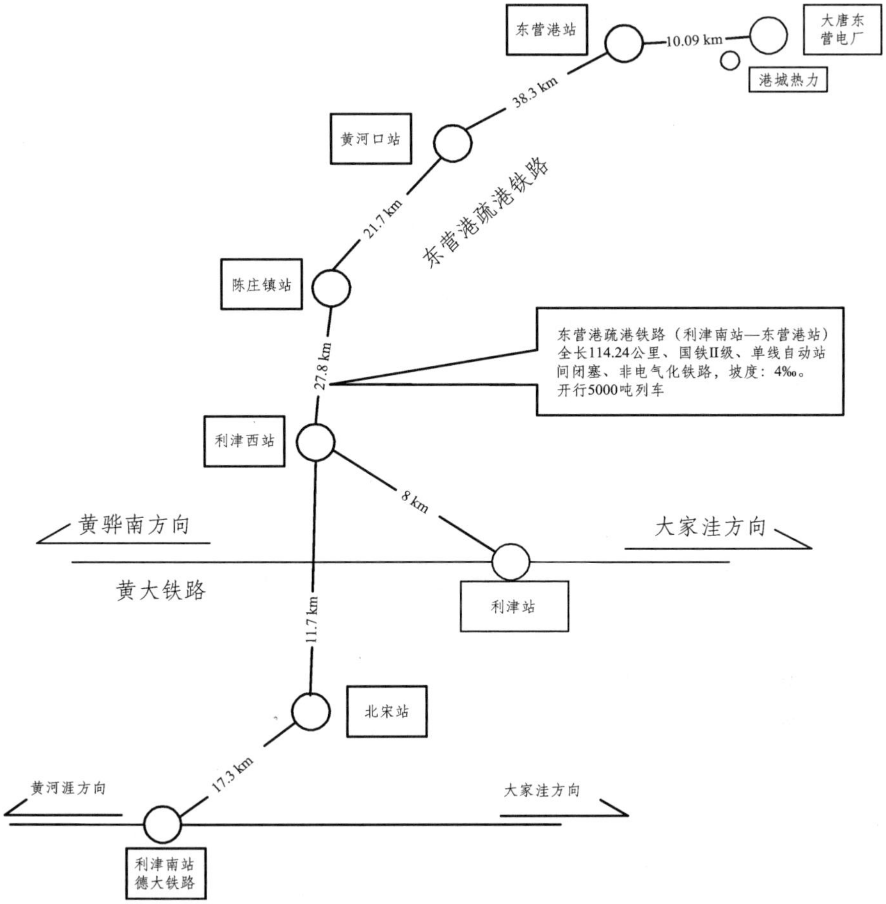


图 3-3　东营港疏港铁路示意图

宅羊线共设 2 个车站：宅科站（益羊线、宅羊线接轨站）、羊角沟站，到发线有效长 1 050 m。

#### 4．大莱龙铁路

大莱龙铁路示意图如图 3-5 所示。

大莱龙铁路西起潍坊大家洼站，东至烟台龙口站，全长 182.21 km。于 1999 年 5 月开工建设，2005 年 6 月全段通车试运行，2010 年 5 月 18 日，全线信联闭设备全面开通。

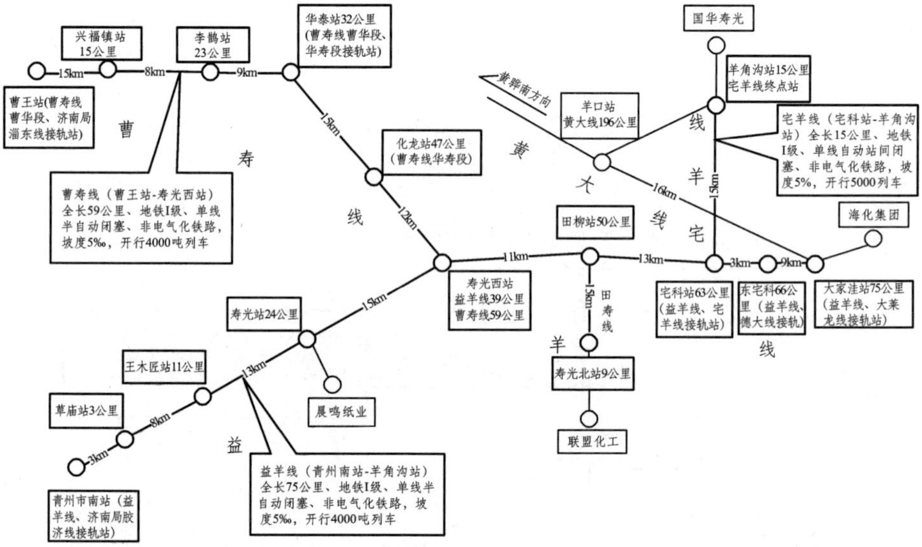


图 3-4 益羊铁路示意图

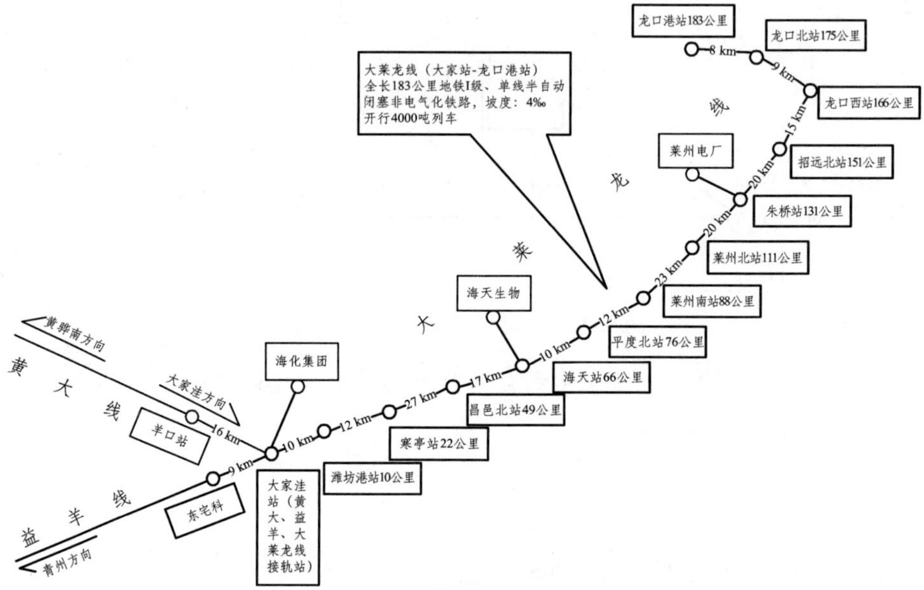


图 3-5 大莱龙铁路示意图

大莱龙铁路共设 11 个车站：接轨站 1 个（大家洼站），中间站 10 个。到发线 850 m（朱桥、海天站除外，到发线 1 050 m）。

# 第二节　黄大线辐射范围内主要企业基本情况

黄大线可通过接轨铁路联络线、企业专用线连接三个电厂、一个物流园，共辐射 14 个企业。如表 3-1 所示。

表 3-1　黄大及周边铁路联络线设备技术参数统计表

| 序号 | 电厂名称 | 接轨站 | 到发线 | 联络线长度/km | 有效长/m | 备注 |
|---|---|---|---|---|---|---|
| 1 | 滨州物流中心 | 滨城站 | / | 3.129 | / | 未建 |
| 2 | 魏桥北海 | 滨港东风港站 | 4 条 | 4.8 | 1 050 | 在建 |
| 3 | 大唐东营电厂 | 东营港站 | 3 条 | 10 | 1 050 | 在建 |
| 4 | 国电博兴电厂 | 油郭站 | 3 条 | 20 | 1 050 | 拟建 |
| 5 | 国电胜利电厂 | 东营西<br>淄东线史口站 | 3 条 | 5<br>12 | 1 050 | 已建 |
| 6 | 国华寿光电厂 | 羊口站 | 3 条 | 21.6 | 1 050 | 已建 |
| 7 | 海化集团 | 大家洼站 | 2 条 | 5 | 1 050 | 已建 |
| 8 | 联盟化工 | 寿光北站 | 4 条 | 站内 | 1 050 | 已建 |
| 9 | 晨鸣纸业 | 益羊寿光站 | 3 条 | 6.12 | 1 050 | 已建 |
| 10 | 巨能热电 | 益羊田柳站 | 2 条 | 5 | 1 050 | 已建 |
| 11 | 魏桥阳信电厂 | 德大阳信站 | 3 条 | 2.4 | 1 050 | 已建 |
| 12 | 大唐滨州电厂 | 德大滨州站 | 3 条 | 3.5 | 1 050 | 已建 |
| 13 | 海天生物 | 大莱龙海天站 | 2 条 | 5 | 1 050 | 已建 |
| 14 | 华电莱州电厂 | 大莱龙朱桥站 | 5 条 | 7 | 1 050 | 已建 |

1. 国华寿光发电厂概况

（1）国华寿光电厂专用线及厂内车站概况。

国华寿光发电厂专用线与黄大铁路羊口站接轨，为非电气化铁路，联络线长度 21.59 km。厂内车站共有三条到发线，1 道为空车线，有效长 1 050 m，2 道为重车线，有效长 1 050 m，3 道为机车走行线，有效长 1 112 m。

（2）煤炭运输路径及需求量。

目前煤炭运输路径为黄骅港—龙口港—大莱龙铁路—益羊铁路。

电厂设有两个储煤仓（每个储煤仓额定储煤能力 15 万吨），设计储煤能力 30 万吨，实际储煤能力 24 万 ~ 25 万吨；年煤炭用量为 400 万吨，最高 410 万吨已趋于饱和。

2．大唐东营电厂

（1）大唐东营电厂专用线及厂内车站概况。

大唐东营电厂专用线位于山东省东营市东营港经济开发区内，线路自东营港疏港铁路终点 DK96+800 引出，终到大唐东营电厂站，全长 10.09 km。

电厂站翻车机系统入厂端布置 1 条重车线、1 条空车线、1 条机走线外，为保证当空调机或牵车台故障时牵出整列空车，在翻车机增加 1 条备用牵出线，车场末端设 1 条机待线。

（2）煤炭运输路径及需求量。

预计来煤方式有三种：

铁路直达：煤源地—黄大铁路线或德大铁路线—在利津站接入东营港疏港铁路（114 km）—大唐东营电厂专用线（10 km）—厂内站。

汽运直达：从煤源地采用汽车直接运输到厂。

水运转汽运：从秦皇岛、曹妃甸等北方港口装船，海运至东营港再汽运 8 km 入厂。

山东大唐东营电厂的储煤量（储煤仓设计容量 28 万吨）、煤炭使用量（设计年消耗量为 450 万吨），计划于 2020 年 6 月投产。

### 3．华电莱州电厂

（1）莱州电厂专用线及厂内车站概况。

莱州电厂专用线全长 7.5 km，在大莱龙铁路朱桥站接轨（距大家洼站 118 km），朱桥站到发线 4 股道，到发线有效长 1 050 m。莱州电厂站到发线 5 条，有效长 1 050 m。

（2）煤炭运输路径及需求量。

目前煤炭运输径路：通过曹妃甸经海运至自卸码头后经皮带传输至电厂（翻车机未使用）；储煤能力 68 万吨。

莱州电厂现有 4×100 万千瓦机组，年煤炭需求量 400 万吨（30%神华煤）;电厂站设 2 台单翻 C64/70 型翻车机，卸车能力日均 12 列;电厂邻海建设，设自卸码头。

### 4．海天生物

（1）海天生物专用线及厂内车站概况。

海天生物专用线全长 6.5 km，在大莱龙铁路海天站接轨（距大家洼站 65 km），海天站到发线 4 股道，到发线有效长 1 050 m。

海天生物分场前和场内两个场。场前 4 条到发线，有效长 890 m。场内 6 条到发线，有效长 486 ~ 630 m，其中卸煤线 1 条，有效长 630 m。

（2）煤炭运输路径及需求量。

目前的运输方式铁运转海运再汽运倒短。运输径路为：神华煤铁运至黄骅港，海运至潍坊港再汽运至场内（20 km）。

（3）卸车方式及储煤能力。

海天生物到达的列车编组为 55 ~ 60 辆，采用单臂螺旋式卸车机（如下图所示）卸车加人工清底的方式，卸车机 3 台，卸车能力为 13 小时/列，每日卸车 2 列。储煤能力 15 万吨。

5．海化集团

山东海化集团有限公司热力电力分公司是中国海洋石油总公司旗下的中海石油炼化有限责任公司的全资子公司山东海化集团有限公司下属的分公司，担负着对海化团各单位的供电、供气任务，下设热电厂、二电厂两个自备电厂和动力公司三个单位。

（1）专用线及厂内车站概况。

海化集团专用线与大家洼站接轨，厂内设交接场和场内作业区。场内交接场共计 4 股道，3 条交接线有效长 1 050 m，1 条盐专线。场内作业区共有 29 股道。

（2）卸车方式及储煤能力。

采用单臂螺旋式卸车机卸车加人工清底的方式，卸车能力为 200 万吨/年。目前正在规划上翻车机项目。储煤方式为上封式煤棚储煤，储煤能力 9 万吨。

6．联盟化工

（1）联盟化工专用线及厂内车站概况。

联盟化工专用线在益羊铁路寿光北站接轨（距大家洼站 32 km），专用线与寿光北站合建。

联盟化工共有 2 条卸煤线，有效长 820 m，最大满足卸车一批 50 辆。采用机械（挖机）加人工清底的卸煤方式。

（2）煤炭运输路径及需求量。

目前主要运输方式为铁运转海运再汽运倒短。运输径路为：神华煤铁运至黄骅港，海运至潍坊港再汽运至场内（70 km 汽运）。

7．晨鸣纸业

（1）晨鸣纸业专用线及厂内车站概况。

晨鸣纸业专用线全长 6 km，在益羊铁路寿光站接轨（距大家洼站 52 km）。厂内站设 5 条股道，有效长 992 ~ 1 112 m；7 条货物线，有效长 549 ~ 1 870 m。

（2）煤炭运输路径及需求量。

目前的运输方式以铁运为主。运输径路为：山西煤从石太线—石德线—胶济线—益羊铁路。

8．龙口港

（1）港口铁路货场及货物线技术参数。

龙口港铁路现有铁路正线全长 12.7 km，装卸线路 16 条，其中散杂货 12 条，油品 4 条。

龙口港分东、西两个货场，卸车主要在东货场，装车主要在西货场。

西货场：设货物线 4 条，设油专线 4 条。

东货场：设货车线 6 条，主要卸包装货物（化肥、纯碱、集装罐等）。

（2）铁路货物运量情况。

2019 年铁路完成 1 201 万吨，发送 1 111 万吨，到达 90 万吨。其中发送铝矾土 244 万吨，铁矿 75 万吨，煤炭 457 万吨，油品 335 万吨；到达煤炭 30 万吨，其他件杂货 60 万吨（纯碱、化肥、集装箱等）。

2020 年 1 ~ 6 月份铁路完成 687 万吨，发送 626 万吨，到达 61 万吨。

其中发送铝矾土 191 万吨，铁矿 30 万吨，煤炭 167 万吨，油品 238 万吨；到达煤炭 13 万吨，油品 25 万吨，其他件杂货 23 万吨（纯碱、化肥）。

9. 东营胜利电厂

（1）厂内站设备技术参数。

胜利电厂卸车场内到发线 11 条，均为 1 050 m，该卸车场有多条岔线与多家单位接轨相通，分别是营海建材，华胜电业货场，国家粮库，国电胜利公司，胜利油田物资总库。

（2）储煤能力。

煤炭翻卸后经皮带运输至煤场储煤棚，储煤能力：15 万 ~ 25 万吨。

10. 魏桥北海

（1）厂内站设备技术参数。

魏桥北海专用线拟与滨港铁路二期东风港站接轨，厂内站设 2 条到发线，1 条边修线，到发线有效长最长 1 152 m。翻车机计划 2021 年 5 月 1 日投入使用。

（2）储煤能力。

魏桥北海电厂煤炭翻卸后经 7.5 km 皮带运输至煤场储煤棚，储煤容量 3 万吨。

## 第三节　黄大铁路辐射区域内企业运输距离比对

黄大铁路辐射区域涵盖山东省滨州市、东营市、潍坊市、烟台市等地区，现将辐射范围内企业用户货运成本进行测算比较。因该地区企业耗煤均来源于“三西”地区（山西、陕西、内蒙古西部），故将煤源地设为国能包神铁路公司大柳塔站，具体详述如下。

1．益羊、大莱龙通道辐射区域

经调研，黄大铁路经益羊铁路、大莱龙铁路辐射范围内主要有 6 家企业。

（1）海化集团。

① 目前煤炭运输路径：经国家能源集团铁路转黄骅港海运至潍坊港再汽运短倒；其中，铁路运距 821 km、汽运运距 20 km。

物流费用包括铁路运输费用、海运及港口费用、装卸费、汽运短倒费用。

② 黄大铁路运输路径，铁路直达，运距 980 km。

结论：经黄大铁路运输有优势。省去汽运、海运中间环节，没有港杂费、倒装费，且运输时间上更加快捷。

（2）海天生物。

① 目前煤炭运输路径：长途汽运，由山西省宁武县运至厂内；运距 890 km。

物流费用包括汽运费用、装卸费用。

② 黄大铁路运输路径，铁路直达，运距 802 km。

结论：经黄大铁路运输有优势。

运距基本相当，汽运成本高于铁运，铁路运输更加节省成本；

国家“公转铁”政策的大趋势下，黄大铁路途径比其他铁路途径更加节省运距，运输效率更加快捷。

（3）联盟化工。

① 目前煤炭运输路径：经国家能源集团铁路转黄骅港海运至潍坊港再汽运短倒；其中，铁路运距 821 km、汽运运距 70 km。

物流费用包括铁路运输费用、海运及港口费用、汽运装卸与短倒费用。

② 黄大铁路运输路径，铁路直达，运距 1 014 km。

结论：经黄大铁路运输有优势。省去汽运、海运中间环节，没有港杂费、倒装费，且运输时间上更加快捷。

（4）华电国际莱州电厂。

华电莱州电厂用煤来自华电集团旗下煤矿，煤源地为内蒙古鄂尔多斯市准格尔旗薛家湾不连沟煤矿。

① 目前煤炭运输路径：经国家能源集团铁路转黄骅港海运至电厂自卸码头；其中，铁路运距 891.6 km。

② 黄大铁路运输路径，铁路直达，运距 1 181.4 km。

结论：黄大铁路运距比目前径路运距要大，经黄大铁路运输无优势；但华电莱州电厂目前径路受到海运气候封航等客观条件影响，故黄大铁路运输也可作为补充途径，以备不时之需。

（5）晨鸣纸业。

① 目前煤炭运输路径：铁运，经太中银线、石太线、石德线、京沪线、益羊铁路至厂内；铁路运距 1 104.6 km。

② 黄大铁路运输路径，铁路直达，运距 1 030.37 km。

结论：经黄大铁路运输，运距与效率均有优势。

（6）国华寿光电厂。

① 目前煤炭运输路径：国家能源集团铁路转黄骅港海运至龙口港再转大莱龙铁路、益羊铁路至厂内，其中，铁路运距 1 031 km。

物流费用包括铁路运输费用、海运及港口费用。

② 黄大铁路运输路径，铁路直达，运距 977 km。

结论：经黄大铁路运输，运距与效率均有优势。

2．滨港铁路通道辐射区域

黄大铁路接轨滨港铁路后，初期可辐射魏桥北海。

（1）煤炭运输分析。

① 目前煤炭运输路径：经国家能源集团铁路转沧港铁路再汽运倒短，其中，铁路运距 813 km，汽运运距 75 km。

物流费用包括铁路运输及货场费用、汽运费用。

② 黄大铁路运输路径，铁路直达，运距 943.4 km。

（2）铝矾土运输分析。

① 目前铝矾土运输方式：龙口港海运至滨州港转汽运至厂内，其中，汽运运距 25 km。

物流费用包括海运及港口费用、汽运短倒费用。

② 黄大铁路运输路径，铁路直达，运距 342.95 km。

结论：

没有汽运中间环节，时间更加快捷且费用省去倒装费，煤炭经黄大铁路运输有优势；

铝矾土经黄大铁路运输无优势。

### 3．滨州物流中心通道辐射区域

滨州物流中心是黄大铁路公司参股单位，只与黄大铁路接轨。经黄大铁路运输路径，铁路运距 882.1 km。

### 4．东营港疏港铁路通道辐射区域

黄大铁路接轨东营港疏港铁路后初期可辐射大唐东营电厂，可选供煤径路有以下 4 种。测算如下：

① 经黄大铁路运输路径，铁路直达，运距 991.6 km。

② 经德大铁路运输路径，铁路运输，运距 1 225.15 km。

③ 海运至东营港转汽运：东营港目前属于油码头，只具备极少量卸煤条件，据电厂方面反映近期此路径不可行。

④ 经国家能源集团铁路、沧港铁路转汽运。其中，铁路运距 813 km，汽运运距 198 km。

结论：综合铁运、汽运运输成本及运输效率等方面，与德大铁路、沧港铁路运输路径相比，经黄大铁路运输成本及效率方面均有优势。

### 5．大唐鲁北电厂专用线

黄大铁路碣石山站与大唐鲁北电厂建设专用线接轨后辐射范围内共6家企业，均位于无棣县埕口镇。

（1）目前煤炭运输路径：经国家能源集团铁路、沧港铁路转汽运。铁路运距 813 km，汽运运距 40 km。

物流费用包括铁路运输及货场费用、汽运费用。

（2）经黄大铁路运输路径，铁路直达，运距 827 km。

结论：没有汽运中间环节，时间更加快捷且费用省去货场费、倒装费，经黄大铁路运输有优势。

### 6．中石化东营胜利电厂专用线

目前煤炭运输路径：

（1）经石太线、石德线、京沪线、胶济线、淄东线至厂内，全部铁路运输，运距 755 km。

（2）经黄大铁路运输路径，铁路直达，运距 537 km。

结论：经黄大铁路运输，运距与效率均有优势。

经上述测算，黄大铁路辐射区域内，除华电国际莱州电厂、魏桥北海铝矾土外，其余企业用户，无论直通运输企业还是需建专用线接轨或建货场连通，经黄大铁路径路运输，在运输成本节约方面，均具有特别明显优势；同时，黄大铁路属于运煤专线，在节约时间成本方面要比国家铁路客货混运更具优势；除此之外，虽然海运比铁路运费更为便宜，但海运受自然气候条件、军事管制等因素影响颇大，相比之下，铁路是更为快捷、便宜的选择。

# 第四节　黄大铁路辐射区域内的煤炭与非煤货物需求量

1．煤炭市场情况

黄大铁路沿线是山东省重要的能源需求区域，辐射区域包括滨州、东营、淄博、潍坊等地，地方产煤量很少，煤炭需求量和调入量均较大。该区域的煤炭主要来源于山西、陕西、内蒙等地；通过上述地区发改委近年公布统计数据显示，预计黄大铁路辐射范围内煤炭需求量可达 5196 万吨。如表 3-2 所示。

表 3-2　黄大线辐射范围内煤炭需求量预测表

| 序号 | 企业名称 | 预测用量(万吨) | 序号 | 企业名称 | 预测用量(万吨) | 序号 | 企业名称 | 预测用量(万吨) |
|---|---|---|---|---|---|---|---|---|
| 1 | 垦利惠能热电 | 27 | 17 | 大唐鲁北电厂 | 200 | 33 | 巨能热电 | 85 |
| 2 | 山东万达热电 | 47 | 18 | 鲁北化工 | 60 | 34 | 晨鸣纸业 | 240 |
| 3 | 华泰清河实业 | 12 | 19 | 无棣鑫岳化工 | 100 | 35 | 博兴电厂 | 400 |
| 4 | 华泰化工 | 90 | 20 | 三岳化工 | 50 | 36 | 胜利科技 | 200 |
| 5 | 滨海热力 | 90 | 21 | 金盛海洋科技 | 6 | 37 | 大唐东营电厂 | 400 |
| 6 | 金茂铝业 | 25 | 22 | 新星热电 | 8 | 38 | 国华寿光电厂 | 400 |
| 7 | 海欣热力 | 100 | 23 | 滨北热电 | 25 | 39 | 海化集团 | 150 |
| 8 | 金岭热电 | 73 | 24 | 金安热电 | 10 | 40 | 联盟化工 | 180 |
| 9 | 华泰热力 | 124 | 25 | 华能沾化电厂 | 64 | 41 | 华电莱州电厂 | 400 |
| 10 | 正和热电 | 13 | 26 | 大唐滨州电厂 | 180 | 42 | 国电胜利电厂 | 400 |
| 11 | 西水集团 | 17 | 27 | 山东炜烨热电 | 15 | 43 | 海天生物 | 150 |
| 12 | 华星化工 | 15 | 28 | 黄河三角洲热力 | 30 | 44 | 山东博汇 | 201 |
| 13 | 大王热力 | 12 | 29 | 滨化热力 | 20 | 45 | 港城热力 | 70 |
| 14 | 恒丰热电 | 8 | 30 | 天鸿热电 | 18 | 46 | 京博控股 | 90 |
| 15 | 新龙集团 | 38 | 31 | 利华益 | 210 | 47 | 香驰热动 | 45 |
| 16 | 美伦纸业 | 88 | 32 | 东力热电 | 30 | | | |
| 合计 | | 779 | 合计 | | 1 006 | 合计 | | 3 411 |

但由于铁路运输通道及运力不足，导致部分地区（如滨州、东营等）以铁路和公路运输方式调入，其余为水运和地方铁路方式调入为主。

2．非煤货物市场情况

黄大铁路主要辐射范围在滨州市的无棣县、沾化区、滨城区以及东营市的利津县、垦利区、东营区、广饶县与寿光市等地区。通过上述地区发改委近年公布统计数据显示，现该区域内有可能通过黄大线运输的非煤货物主要有 12 种，主要是滨州地区沾化万邦的铁矿石 50 万吨、惠祥特钢 100 万吨，魏桥北海的铝矾土 3 500 万吨，鲁北化工的氧化铝 70 万吨、原盐 10 万吨、磷矿粉 20 万吨、钾肥 5 万吨，海化集团的纯碱 20 万吨，玲珑轮胎 1000 集装箱，博兴香驰的大豆 60 万吨，万得福的大豆 15 万吨，液化品利华益 580 万吨、神驰石化 250 万吨、海科石化 250 万吨、无棣鑫岳 400 万吨。

非煤货物丰富，为黄大铁路通过集团铁路网开展反向运输，形成辐射河北、山西、陕西、内蒙的反向运输新格局提供了新的契机。

## 第五节　黄大铁路集疏运系统优化配套建议

依托于国家能源集团铁路运输优势，结合黄大铁路周边货源分布，黄大铁路最初提出了构建“七通道、两专用线”的煤炭九出口物流架构模式。

1．“七通道、两专用线”的煤炭九出口物流架构模式

（1）七通道。

① 碣石山通道：在碣石山站建散货货场，辐射鲁北化工、大唐鲁北等 6 家企业煤炭。

② 滨州物流园通道：在滨城站附近设滨州煤炭物流园通道，辐射滨州地区、淄博高青的汽运煤炭。

③ 滨港铁路通道：建南石家联络线，设滨州疏港铁路通道，辐射魏桥北海园区煤炭。

④ 东营港疏港铁路通道：建利津联络线设利港铁路通道，辐射东营港附近煤炭。

⑤ 国电博兴电厂通道：建国电博兴电厂联络线，辐射博兴电厂、胜利科技、京博、香驰、盛和等企业煤炭和杂货。

⑥ 东营丁庄小清河通道：在丁庄站附近设小清河流域通道，辐射东营地区汽运煤炭和小清河流域水运煤炭和货物。

⑦ 益羊、大莱龙铁路通道：与大家洼站接轨设大家洼通道，辐射大家洼区域、大莱龙铁路、益羊铁路的海化集团、海天生物、莱州电厂、联盟化工、晨鸣纸业、巨能热电等企业煤炭。

（2）两专用线。

① 胜利电厂专用线：建胜利电厂联络线辐射胜利电厂煤炭。

② 寿光电厂专用线：建寿光电厂联络线辐射寿光电厂煤炭。

在推进过程中，真正实现接轨，具备通车条件的是东营港疏港铁路通道，益羊、大莱龙铁路通道，滨州物流园通道，国华寿光电厂专用线。

碣石山通道、滨港铁路、国电博兴电厂通道、东营丁庄小清河通道、胜利电厂专用线均由于电厂缓建或者项目未启动暂时还未启动前期工作。

2．黄大铁路集疏运系统优化配套建议

为不断优化黄大铁路集疏运系统，提升黄大铁路的市场竞争力，综合考虑黄大铁路自身建设、周边市场货运需求、路网环境等内外在因素，建议从以下几个方向入手，解决黄大发展问题。

（1）对照市场发展需求，开展自身建设，完成“七通道、两专用线”物流架构模式。

“七通道、两专用线”是经过深访调研，讨论形成的方案，必须努力完成这一战略布局。

① 顺应地方环保政策导向，重新研判专用线、物流园与货场的利弊，加快黄大铁路各站点与接轨专用线及货运设备设施的建设，如滨州物流园、碣石山鲁北电厂专用线、丁庄物流园等，打造一批专用线、物流园，形成“以点带面”的效应，为黄大铁路储备战略资源。

② 建议集中力量与济南铁路局展开谈判，需求合作共赢方案，加快推进与滨港铁路接轨工作，开拓魏桥集团市场。

黄大铁路辐射范围内煤炭需求量大，但多数客户可选供煤径路较多，运输竞争比较激烈，为占领市场，稳定货源，魏桥集团作为世界500强企业，煤炭年需求约在2 000万吨，并经测算，通过黄大铁路运输，可大幅压缩其运输成本，因此，建议加快与滨港铁路接轨。开拓魏桥集团这一重点客户，开创黄大铁路与魏桥集团双赢局面。

③ 建议寻找时机，与济南铁路局协商，签订自备车过轨协议

黄大铁路可通过相关联络线、专用线直接或间接与国铁德大、胶济、淄东、德龙烟铁路等线路连通。为进一步提升分界口运量、扩大黄大铁路辐射范围，建议与济南铁路局协商，签订自备车过轨协议。

④ 建议时刻关注集团与山东地方动态，实时协调推动东营胜利电厂专用线、油郭博兴电厂专用线的接轨工作

根据规划，国电博兴电厂年用煤400万吨，胜利科技年用煤200万吨，博兴电厂专用线建成后，可为黄大铁路增加600万吨年运量。据了解，博兴电厂前期已进行部分投资，建议加快博兴电厂及专用线建设推进工作，尽快与黄大铁路接轨。

东营胜利电厂距黄大铁路东营西站3.8 km，当前虽然胜利电厂与国铁淄东线已建有专用线，但黄大铁路建成后，运距、运输径路与国铁相比具有很大的竞争优势，建议集团加快推动黄大铁路与胜利电厂联络线建设工作。

⑤ 建议筹划黄大铁路开通后 C64 型车辆缺口事宜。

经调研，黄大铁路辐射范围内八家企业，仅有国华寿光、大唐东营电厂可翻卸 C80 型车辆，其余企业只能接卸 C64/70E 型车辆。经测算，黄大铁路开通后按照初期运量和车辆周转时间（C64/70E 型 5.1 天）测算，C64 型车辆缺口约为 3 000 辆。

山东高速目前自购 C64 型运煤车约为 600 多辆，绝大部分为国华寿光电厂运煤专用，随着黄大铁路开通，集团自备车将进入山东高速管内，其自备车辆将会闲置。为推动双方分界口运输畅通，实现双方共赢，建议允许山东高速轨道交通集团 C64 自备车辆进入黄大铁路、朔黄铁路进行货物运输，解决山东高速资源剩余的同时节省自身的成本。

（2）寻求集团兄弟单位的支持，发挥集团煤、电、港口、铁路一体化运营优势。

联合国家能源集团煤炭经营分公司，开拓环渤海地区能源市场积极协调集团煤炭经营分公司分别与黄大铁路辐射区内的大唐东营电厂、国华寿光电厂、海化集团、联盟化工、华电莱州电厂、鲁北北工集团、大唐鲁北电厂、大唐滨州电厂、利华益集团、国电博兴电厂、国电胜利电厂、港城热力、海天生物等 29 家企业客户对接，开发既有煤炭客户，挖掘市场，提升黄大线运量。

（3）发展新型物流运输方式及货物品类，规划黄大铁路长远发展方向。

① 建议黄大铁路开通之初迅速开展集装箱运输。随着国家对环保管控力度的加大，山东地区对环保的要求越来越高，黄大沿线的碣石山货场、滨州物流园、丁庄物流园等卸煤点，如果采用翻车机卸煤方案，存在占用场地大、投入资金高、投入人员多、回报周期长、环境污染大、环保要求严，短倒汽运难、运输干扰多等缺点，如果采用集装箱方式运输，具有占用场地少、投入人员少、环保干扰小、投入资金少、操作灵活多样等优点，目前大莱龙铁路有部分散货运输已开始采用集装箱方

式，效果比较明显。同时，在调研走访中，许多单位都提出强烈诉求，建议黄大线最好采用集装箱运输方式。

因此，建议黄大铁路加大投入，一步到位，铺通运营就具备开行集装箱运输的条件，既能满足环保要求，又能降低物流园成本，提高煤炭短倒运输效率，增加煤炭销售量，迅速占领市场。

② 建议加快推动整个朔黄铁路沿线非煤品、危化品配套设施的建设，开拓反向运输市场，引入非煤品、危化品运输，发展多样化运输。长远来看，此举是提高整个朔黄公司抵御市场风险的必由之路。

近年受环保、减排的政策压力，煤炭等化石能源作为高排放、高污染能源，发展环境愈加苛刻，对以煤炭运输为主业的朔黄公司、黄大公司必须未雨绸缪，为公司长远发展寻求新的替代品。非煤品、危化品作为新的增长极可以填补公司物流运输的空白。

# 第三篇

# 黄大铁路运输工作组织

# 第四章 黄大铁路运输组织方案及运输能力测算

## 第一节 机车类型

1．电力机车

SS4（SS4B、SS4G）型、神华号 8 轴（HXD1）型、神华号 12 轴（CEAIA1）型、和谐号（HXD1）型。详见电力机车参数表 4-1、4-2。

表 4-1 电力机车参数

| 车型名称 | 神 8 | 和谐 | SS4B | SS4G | HXD2B |
|---|---|---|---|---|---|
| 管内机车号 | 机辆 7001-7008 | 京局 7042-7070 | 机辆 35-72、93-98 | 联运机车 | 王佐口 天津方向 |
| 柴油机标定功率 | — | — | — | — | — |
| 柴油机装车功率 | — | — | — | — | — |
| 机车标称功率 | 9 600 kW | 9 600 kW | 6 400 kW | 6 400 kW | 9 600 kW |
| 牵引电机功率 | 1 200 kW | 1 200 kW | 800 kW | 8 00 kW | 1 600 kW |
| 司机室个数 | 2 | 2 | 2 | 2 | 2 |
| 机车整备重量 | 2×100 t | 2×100 t | 2×92 t | 2×92 t | 150 t |
| 机车轴重 | 25 t | 25 t | 23 t | 23 t | 25 t |
| 长度 | 35 304 mm | 35 222 | 32 832 mm | 32 832 mm | 22 960 mm |
| 宽度 | 3 248 mm | 3 248 mm | 3 100 mm | 3 100 mm | 2 850 mm |
| 高度 | 4 003 mm | 4 003 mm | 4 040 mm | 4 040 mm | 4 800 mm |
| 最高速度 | 120 km/h | 120 km/h | 100 km/h | 100 km/h | 120 km/h |
| 额定电压 | 25 kV | 25 kV | 25 kV | 25 kV | 25 kV |
| 电流制 | 单相交流 50 Hz | 单相交流 50 Hz | 单相交流 50 Hz | 单相交流 50 Hz | 单相交流 50 Hz |
| 电传动方式 | 交-直-交（3） | 交-直-交（3） | 交-直 | 交-直 | 交-直-交 |

续表

| 车型名称 | 神 8 | 和谐 | SS4B | SS4G | HXD2B |
| --- | --- | --- | --- | --- | --- |
| 轮径 | 1 250 mm | 1 250 mm | 1 250 mm | 1 250 mm | 1 250 mm |
| 转向架数 | 2×2 | 2×2 | 2×2 | 2×2 | 2 |
| 牵引电机数 | 2×4 | 2×4 | 2×4 | 2×4 | 2×3 |
| 齿轮传动方式 | 单边斜齿 | 单边斜齿 | 单侧直齿 | 单侧斜齿 | 单边齿轮 |
| 齿轮传动比 | 106/17 | 106/17 | 74/17 | 88/21 | |
| 牵引力传动方式 | 抱轴式悬挂驱动 | 抱轴式悬挂驱动 | 中央推挽式斜拉杆 | 中央推挽式斜拉杆 | |
| 电机悬挂方式 | 抱轴式悬挂 | 抱轴式悬挂 | 滑动抱轴承式半悬挂 | 滑动抱轴承式半悬挂 | |
| 起动牵引力 | 760 kN | 760 kN | 628 kN | 628 kN | 584 kN |
| 持续牵引力 | 532 kN | 532 kN | 450 kN | 436 kN | 455 kN |
| 机车持续速度 | 65 km/h | 65 km/h | 50 km/h | 51.5 km/h | 76 km/h |
| 恒功率速度范围 | 65～120 km/h | 65～120 km/h | 50～80 km/h | 51～81 km/h | 76～120 km/h |
| 电制动方式 | 再生制动 | 再生制动 | 加馈电阻制动 | 加馈电阻制动 | 再生制动 |
| 最大电制力 | 461 kN | 461 kN | 382 kN | 412 kN | |
| 制动机型号 | DK-2 | DK-2 | DK-1 | DK-1 | |
| 最小曲线 | $R$=125 m＜5 km/h | $R$=125 m＜5 km/h | $R$=125 m＜5 km/h | $R$=125 m＜5 km/h | $R$=125 m＜5 km/h |
| 生产厂家 | 南车株洲 | 南车株洲 | 南车株洲 | 北车大同 | 北车大同 |

表 4-2 电力机车参数

| 车型名称 | 神 12 | HXD1(神 8) | HXD2 | HXD3 | HXD3B |
| --- | --- | --- | --- | --- | --- |
| 管内机车号 | 2 | 机辆、联运 | — | — | — |
| 柴油机标定功率 | — | — | — | — | — |
| 柴油机装车功率 | — | — | — | — | — |
| 机车标称功率 | 14 400 | 9 600 kW | 9 600 kW | 7 200 kW | 9 600 kW |
| 牵引电机功率 | 1 200 kW | 1 200 kW | 1 200 kW | 1 200 kW | 1 600 kW |
| 司机室个数 | 2 | 2 | 2 | 2 | 2 |
| 机车整备重量 | 3×100 t | 2×100 t | 2×100 t | — | — |
| 机车轴重 | 25 t | 25 t | 25 t | — | — |

续表

| 车型名称 | 神 12 | HXD1(神 8) | HXD2 | HXD3 | HXD3B |
|---|---|---|---|---|---|
| 长度 | 52 912mm | 35304 | 35 222 mm | 20 846 mm | — |
| 宽度 | 3 248 mm | 3 320 mm | 3 320 mm | 3 445 mm | — |
| 高度 | 4 003 mm | 4 020 mm | 4020 mm | — | — |
| 最高速度 | 120 km/h | 120km/h | 120 km/h | — | — |
| 额定电压 | 25 kV | 25 kV | 25 kV | — | — |
| 电流制 | 单相交流 50 Hz | 单相交流 50 Hz | 单相交流 50 Hz | — | — |
| 电传动方式 | 交-直-交（3） | 交-直-交（3） | 交-直-交（3） | — | — |
| 轮径 | 1 250 mm | 1 250 mm | 1 250 mm | — | — |
| 轴式 | 3(B0-B0) | 2(B0-B0) | 2(B0-B0) | C0-C0 | C0-C0 |
| 转向架数 | 3×2 | 2×2 | 2×2 | — | — |
| 牵引电机数 | 3×4 | 2×4 | 2×4 | 2×3 | 2×3 |
| 齿轮传动方式 | 单边斜齿 | 单边斜齿 | 单边斜齿 | — | — |
| 齿轮传动比 | 106/17 | 106/17 | 106/17 | — | — |
| 牵引力传动方式 | — | — | — | — | — |
| 电机悬挂方式 | — | — | — | — | — |
| 起动牵引力 | 1 140 kN | 760 kN | 760 kN | — | — |
| 持续牵引力 | 798 kN | 531 kN | 532 kN | — | — |
| 机车持续速度 | — | 65 km/h | 65 km/h | — | — |
| 恒功率速度范围 | — | 65 ~ 120 km/h | 65 ~ 120 km/h | — | — |
| 电制动方式 | — | 再生制动 | 再生制动 | — | — |
| 最大电制力 | 691 kN | 461 kN | 461 kN | — | — |
| 制动机型号 | DK-2 | — | — | — | — |
| 最小曲线 | $R$=125 m < 5 km/h | — | — | — | — |
| 生产厂家 | 南车株洲 | 南车株洲 | 北车大同 | 大连和北京二七轨道 | 大连和北京二七轨道 |

## 2．内燃机车

DF8B、DF4 型、HXN3 型。详见内燃机车参数表。

表 4-3 内燃机车参数表

| 车型名称 | HXN3 | DF8B | DF4B | DF4D | DF12 | DF4D 调 |
|---|---|---|---|---|---|---|
| 管内机车号 | 7001、7002 | 黄万线机车 | 7664、7766、7662、9489 | 4318、4319、4262、4269 | 149、150、134、135、109、110、87、97 | 神港 032、061、078 |
| 柴油机标定功率 | 4 660 kW | 3 860 kW | 2 650 kW | 3 240 kW | 2 650 kW | 3 240 kW |
| 柴油机装车功率 | 4 400 kW | 3 680 kW | 2 430 kW | 2 940 kW | 2 430 kW | 2 940 kW |
| 机车标称功率 | 3 700 kW | 3 100 kW | 1 990 kW | 2 425 kW | 1 985 kW | 2 425 kW |
| 牵引电机功率 | 600 kW | 530 kW | 410 kW | 410 kW | 410 kW | 410 kW |
| 司机室个数 | 2 | 2 | 2 | 2 | 1 | 1 |
| 机车整备重量 | 150 t | 151 t | 138 t | 138 t | 138 t | 138 t |
| 机车轴重 | 25 t | 25 t | 23 t | 23 t | 23 t | 23 t |
| 长度 | 22 250 mm | 22 000 mm | 21 100 mm | 21 100 mm | 19 900 mm | 21 100 mm |
| 宽度 | 3 370 mm | 3 304 mm | 3 309 mm | 3 309 mm | 3 256 mm | 3 200 mm |
| 高度 | 4 705 mm | 4 736 mm | 4 500 mm | 4 755 mm | 4 580 mm | 4 580 mm |
| 最高速度 | 120 km/h | 100 km/h | 100 km/h | 100 km/h | 100 km/h | 80 km/h |
| 额定电压 | — | — | — | — | — | — |
| 电流制 | — | — | — | — | — | — |
| 电传动方式 | 交-直-交 | 交-直 | 交-直 | 交-直 | 交-直 | 交-直 |
| 轮径 | 1 050 mm | 1 050 mm | 1 050 mm | 1 050 mm | 1 050 mm | 1 050 mm |
| 轴式 | C0-C0 | C0-C0 | C0-C0 | C0-C0 | C0-C0 | C0-C0 |
| 转向架数 | 2 | 2 | 2 | 2 | 2 | 2 |
| 牵引电机数 | 2×3 | 2×3 | 2×3 | 2×3 | 2×3 | 2×3 |

续表

| 车型名称 | HXN3 | DF8B | DF4B | DF4D | DF12 | DF4D 调 |
|---|---|---|---|---|---|---|
| 齿轮传动方式 | 单侧斜齿 | 单边齿轮 | 单边齿轮 | 单边齿轮 | 单边齿轮 | 单边齿轮 |
| 齿轮传动比 | 85/16 | 76/17 | 63/14 | 63/14 | 63/14 | 85/18 |
| 牵引力传动方式 | 平行四连杆结构 | 牵引杆装置 | 牵引杆（四连杆机构） | 牵引杆（四连杆机构） | 牵引杆机构 | 牵引杆（四连杆机构） |
| 电机悬挂方式 | 滚动抱轴悬挂 | 滑动抱轴承式半悬挂 | 滑动抱轴承式半悬挂 | 滚动抱轴承式半悬挂 | 滑动抱轴承式半悬挂 | 滚动抱轴承式半悬挂 |
| 起动牵引力 | 620 kN | 480 kN | 435 kN | 480 kN | 437 kN | 435 kN |
| 持续牵引力 | 598 kN | 340 kN | 324 kN | 341 kN | 317 kN | 347 kN |
| 机车持续速度 | 20 km/h | 31.1 km/h | 21.6 km/h | 24.5 km/h | 20.5 km/h | 24.1 km/h |
| 恒功率速度范围 | 23～120 km/h | 31.1～92.3 km/h | 21.6～73.1 km/h | 92 km/h | 20.5～80.5 km/h | 80 km/h |
| 电制动方式 | 电阻制动 | 电阻制动 | 电阻制动 | 电阻制动 | — | — |
| 最大电制力 | 380 kN | 280 kN | 262 kN | 262 kN | — | — |
| 制动机型号 | DK-2 | JZ-7 | JZ-7 | JZ-7 | JZ-7 | JZ-7 |
| 最小曲线 | $R$=145 < 5 km/h | $R$=145 < 5 km/h | $R$=145 < 5 km/h | $R$=145 < 5 km/h | $R$=100 < 5 km/h | $R$=100 < 5 km/h |

# 第二节　车辆类型

C80、C70A、C70E、C64 型车辆。详见下国家能源集团主要货运敞车基本参数对照表。

表 4-4　国家能源集团主要货运敞车基本参数对照

| 车型 | C70A 型 | C80 型 | C80B 型 | C64K 型 | C64 型 | KM98 型 | KM100 型 | KM82 型 | KM81 型 | C70E 型 |
|---|---|---|---|---|---|---|---|---|---|---|
| 载重/t | 70 | 80 | 80 | 61 | 61 | 98 | 100 | 81 | 82 | 70 |
| 自重/t | 22.8 | 20 | 20 | 22.5 | 22.5 | 22.4 | 20 | 19 | 18 | 24 |
| 总重/t | 92.8 | 100 | 100 | 83.5 | 83.5 | 120.4 | 120 | 100 | 100 | 94 |
| 轴重/t | 23 | 25 | 25 | 20.8 | 20.8 | 30 | 30 | 25 | 25 | 25 |
| 换长 | 1.2 | 1.1 | 1.1 | 1.2 | 1.2 | 1.3 | 1.3 | 1.1 | 1.1 | 1.3 |
| 容积/($m^3$/t) | 80.5 | 87 | 84.8 | 73.3 | 73.3 | 110 | 115 | 93 | 93 | 80.8 |
| 比容/($m^3$/t) | 1.15 | 1.06 | 1.06 | 1.2 | 1.2 | 1.12 | 1.15 | 1.15 | 1.15 | 1.15 |
| 自重系数 | 0.326 | 0.25 | 0.25 | 0.37 | 0.37 | 0.22 | 0.196 | — | — | 0.34 |
| 每延米重/(m/t) | 6.76 | 8.33 | 8.33 | 6.2 | 6.2 | 8.57 | 8.61 | 8.51 | 8.51 | 6.73 |
| 商业运营速度/(km/h) | 120 | 100 | 100 | 120 | 100 | 100 | 100 | 100 | 100 | 120 |
| 通过最小曲线半径/m | 145 | 145 | 145 | 145 | 145 | 145 | 145 | 145 | 145 | 145 |
| 车辆长度/mm | 13 726 | 12 000 | 12 000 | 13 430 | 13 438 | 14 352 | 14 350 | 12 170 | 12 170 | 13 976 |
| 车辆定距/mm | 9 210 | 8 200 | 8 200 | 8700 | 8 700 | 10 550 | 10 550 | 8 370 | 8 370 | 9 210 |
| 车体内长/mm | 12 190 | 10 728 | 10 728 | 12 490 | 12 490 | — | — | — | — | 13 000 |

续表

| 车型 | C70A 型 | C80 型 | C80B 型 | C64K 型 | C64 型 | KM98 型 | KM100 型 | KM82 型 | KM81 型 | C70E 型 |
|---|---|---|---|---|---|---|---|---|---|---|
| 车体内宽/mm | 2 947 | 2 946 | 2 946 | 2 890 | 2 890 | — | — | — | — | 2 890 |
| 车体内高/mm | 2 220 | — | — | 2 051 | 2 050 | — | — | — | — | 2 150 |
| 地板面高/mm | 1 083 | — | — | 1 088 | 1 082 | — | — | — | — | 1 083 |
| 车辆最大高度/mm | 3 313 | 3 793 | 3 767 | 3 149 | 3 142 | 3 980 | 3 985 | 3 985 | 3 985 | 3 243 |
| 车辆最大宽度/mm | 3 184 | 3 184 | 3 284 | 3 242 | 3 242 | 3 334 | 3 370 | 3 370 | 3 370 | 3 180 |
| 车钩 | 16 型（旋转车钩）、17 型（固定车钩）及牵引杆 | 16 型（旋转车钩）、17 型（固定车钩）及牵引杆 | 16 型（旋转车钩）、17 型（固定车钩）及牵引杆 | 13A 型 | 13A 型 | 16 型（旋转车钩）、17 型（固定车钩）及牵引杆 | 16 型（旋转车钩）、17 型（固定车钩）及牵引杆 | 16 型（旋转车钩）、17 型（固定车钩）及牵引杆 | 16 型（旋转车钩）、17 型（固定车钩）及牵引杆 | — |
| 缓冲器 | MT-2 | MT-2 | MT-2 | MT-3 | MT-3 | HM-3 | HM-3 | HM-3 | HM-3 | MT-2 |
| 转向架 | 转 K5 或转 K6 | 转 K5 或转 K6 | 转 K5 或转 K6 | 转 K2 | 转 8A | BAB 型 | BAB 型 | BAB 型 | BAB 型 | 转 K5 或转 K6 |
| 每辆车侧面车门数 | 每侧面 2 扇下侧门 | 每侧面 1 扇下侧门 | 每侧面 1 扇下侧门 | 每侧面 6 扇下侧门 | 每侧面 6 扇下侧门，1 扇对开式中侧门 | 底开门 | 底开门 | 底开门 | 底开门 | 共 2 个中门、12 个小门 |
| 连接方式 | 两车一组 | 两车一组 | 三车一组 | 单车 | 单车 | 五车一组 | 五车一组 | 五车一组 | 五车一组 | 单车 |

## 第三节　列车编组

（1）黄大铁路管内列车编组与朔黄铁路保持一致。

（2）黄大铁路交东营港疏港铁路的列车保持原编组不变。

（3）黄大铁路交滨港铁路的列车在滨城站减轴。减轴后编组形式与编组辆数为：机车+55 辆 C64 或 54 辆 C70A（C70E）+列尾。返空列车在滨城站补轴。补轴后编组形式与编组辆数为：机车+66 辆 C64 或 58 辆 C70A（C70E）+列尾或机车+机车+132 辆 C64 或 116 辆 C70A（C70E）+列尾。

（4）黄大铁路交国华寿光电厂、益羊铁路、大莱龙铁路的列车在东营西站减轴。减轴后，东营西站至大家洼站采用普通列车编组方式。编组形式与编组辆数为:1 台 SS4 型直流电力机车或 1 台交流电力机车+55 辆 C64 或 54 辆 C70A（C70E）或 54 辆 C80。返空列车在东营西站补轴。补轴后编组形式与编组辆数为：机车+66 辆 C64 或 58 辆 C70A（C70E）+列尾或机车+机车+132 辆 C64 或 116 辆 C70A（C70E）+列尾。

（5）涉及反向运输的列车允许空重混编，空车编于列车尾部。

## 第四节　列尾运用

黄大铁路黄骅南站至东营西站（含）间列车附挂列尾。东营西站设列尾作业组、检测组，负责东营西站列尾的摘挂、检测、充电等工作。其余各站由车站负责摘挂。

东营西站（不含）至大家洼站间运营初期列车暂不附挂列尾，待羊口站至大家洼站铺通后另朔黄铁路行车组织规则定。

# 第五节　机车交路

1．直流机车

直流机车运行线路如图 4-1 所示。

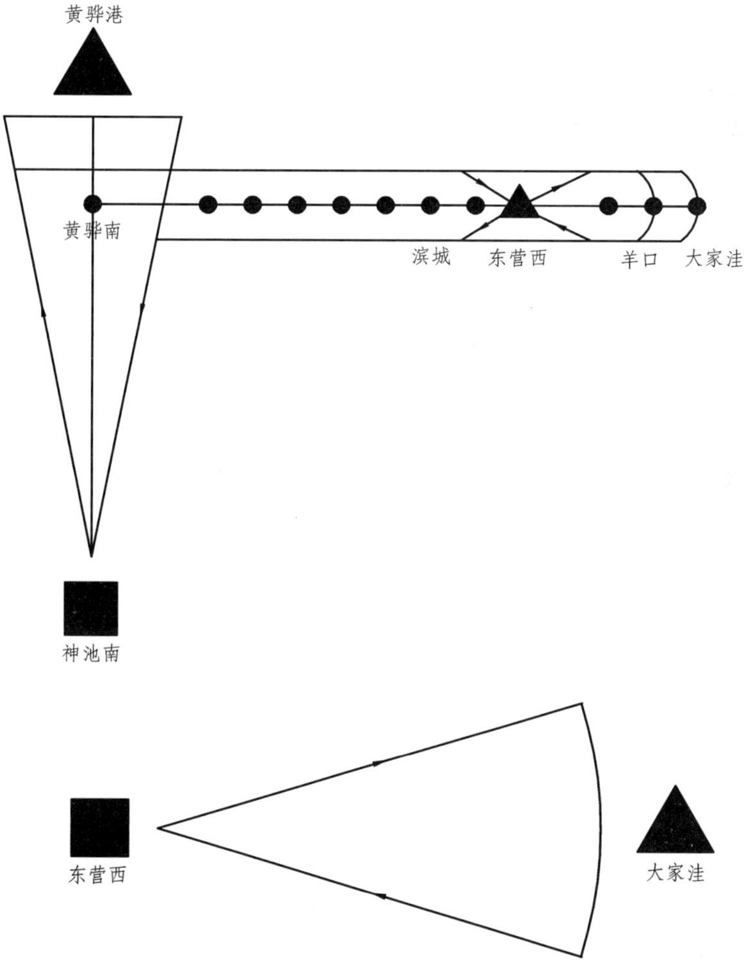


图 4-1　直流机车

直流机车在肃宁北、黄骅南站直通，运行至黄大铁路滨城站（不含）以北机车立折回神池南折返段整备（机车走行 1 260 km）。运行到滨城站（含）至大家洼站交路，在东营西机务折返段整备（机车最远走行810 km）。

2．交流机车

交流机车运动线路如图 4-2 所示。

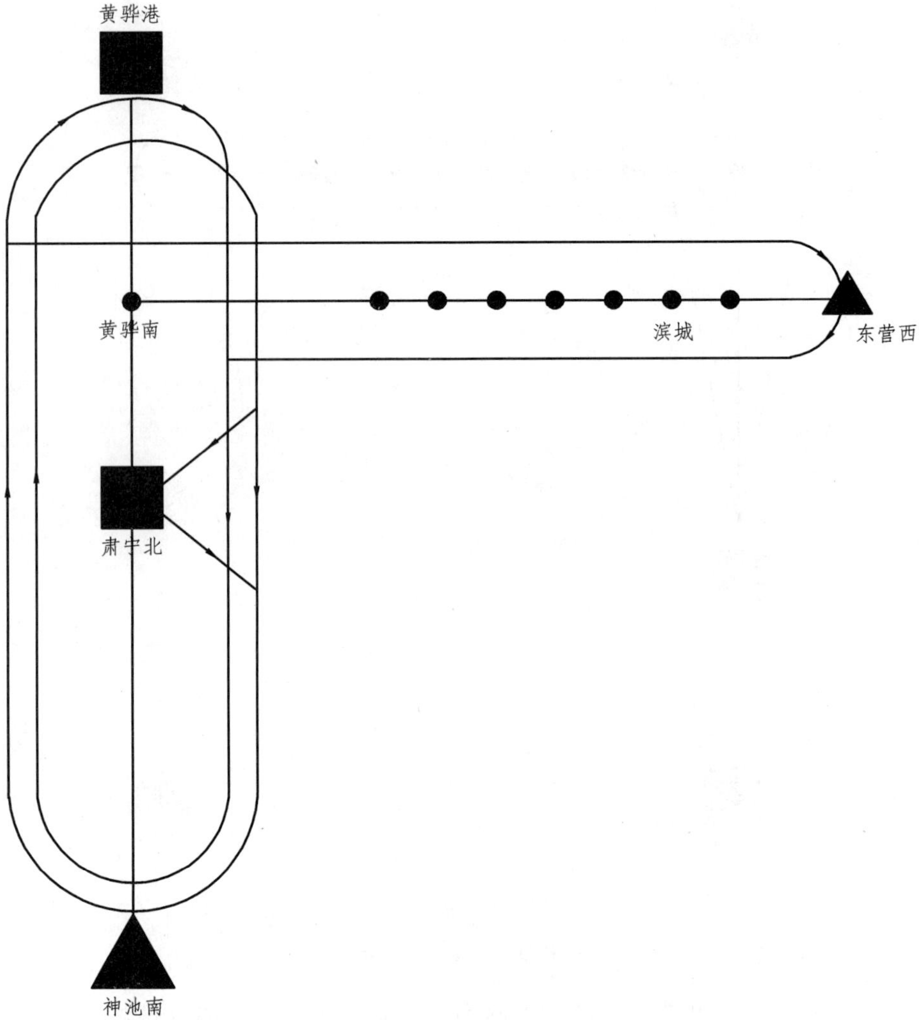


图 4-2　交流机车

（1）交流机车在肃宁北、黄骅南站直通，运行至黄大铁路滨城站（不含）以北机车立折。如机车在黄骅港折返段整备后周转第一次回神池南折返段整备（机车走行 1 860 km）；如机车在黄骅港折返段整备后周转第二次在肃宁北机务段整备（机车走行 2 650 km）或单机运行至东营西折返段整备（走行 2 500 km）。

（2）运行到滨城站（含）以远至东营西站的交路，本务机车到达东营西站入折返段整备。

（3）东营西站至大家洼站区段采用小运转机车担当交流机车的延续交路，机车入东营西折返段整备（机车往返一次走行 110 km）。

## 第六节　乘务制度

担当黄大铁路下行（重车）列车牵引任务的机车乘务员在肃宁北站站换，黄骅南站直通，运行至滨城站（不含）以北立折回肃宁北站（段）换班；运行到滨城站（含）以远至东营西站（含）的机车乘务员，在东营西站（段）换班，换班后运行至羊口站（大家洼）立折回东营西站入折返段换班。

担当黄大铁路上行（空车）列车牵引任务的机车乘务员，在东营西站（段）换班后运行至肃宁北站换班。

## 第七节　列检及红外线探测系统

1．列检布局

（1）在东营西站设置列检作业场，负责东营西站内始发列车、由益羊、大莱龙铁路方向接入的列车技检作业（车辆互保协议中明确东营西站不进行技检作业列车除外）。

（2）在滨城站设列检技术交接作业场，主要负责滨州物流中心始发列车、由滨港铁路方向接入的列车技检作业（车辆互保协议中明确滨城站不进行技检作业列车除外）。

2．红外线轴温智能探测系统（THDS）

黄大铁路全线新设探测设备19套，在下行重车疏解线1套、黄骅南站1套、海兴南站2套、碣石山站2套、沾化西站2套、滨城站2套、利津站2套、东营西站2套、丁庄站2套、羊口站2套、大家洼站1套。

## 第八节　货运检查

1．货运员设置

滨城、利津、东营西、羊口（大家洼）4个需要办理货运交接业务车站，设货运员岗位，负责货运检查和票据交接。

滨城站负责滨州物流中心、滨港铁路方向列车货运检查，票据交接及制票工作。

利津站负责疏港铁路方向列车货运检查，票据交接及制票工作。

东营西站负责办理东营西站装卸车、列车预确报及车站相关报表业务。

羊口站（大家洼站）负责益羊铁路、大莱龙铁路（羊口至大家洼站未开通前）及寿光电厂方向列车货运检查，票据交接及制票工作。

2．货运交接检查

（1）货物列车按照现状交接；施封车辆、集装箱凭封印进行交接。

（2）货运检查交接地点。

滨港铁路方向，原则上在滨城站（或滨城站滨州物流中心卸煤场）。

东营疏港铁路方向，原则上在利津站3、4、5、6道。

国华寿光电厂、益羊铁路、大莱龙铁路方向，羊口站至大家洼站区间铺通前，原则上在羊口站；区间铺通后，国华寿光电厂方向列车在羊口站，益羊铁路、大莱龙铁路方向，原则上在大家洼站。

3．货运制票及列车预确报

（1）经由分界口车站接入或交出的重车，由接车方货运工作人员核对现车无误后根据交车方提供的货物运单进行制票。

（2）双方提供的货物运单应由双方盖章确认。

（3）分界口车站间以电话、传真及人工方式相互传输预确报。

（4）货票管理系统未配套之前，过渡办法为通过纸质票据等信息通过传真、网络传输至黄骅南站；反之，由黄骅南站采用网络传输至黄大铁路相关站点货运人员。

4．货车统计

黄大铁路货车统计工作按照由分界口车站统计人员与管外邻站统计人员核对无误后上报朔黄铁路调度指挥中心统计人员的流程办理。

未配置货运员、车号员、统计员的车站，货车统计工作由车站人员负责。

系统未配套前，采用电话方式上报。

## 第九节　行车组织方式

依据黄大线站场情况，货物流向、流量，以及与黄大线接轨铁路、相关联企事单位的设备技术参数、翻车机翻卸车型及牵引车功率等综合情况，初步制定了黄大线的行车组织方式（最终行车组织方式以公司运输部正式文件为准）。

1．列车开行对数

2021年黄大铁路计划开行13对列车，其中万吨7对（C80/70A型列车4对、C64型列车3对）、C64/70E型普列6对。

2．运行方式

（1）滨港铁路通道。

滨港铁路示意图如图4-3所示。

当前受滨港铁路车站到发线有效长、线路承载能力、桥涵设计参数、企业客户翻车机技术参数限制，滨港铁路方向开行C64型或C70A/70E型普列。

① 黄大铁路与滨港铁路列车交接地点为滨城站。

组合万吨列车前列到站为滨港铁路方向时，在黄大铁路海兴南站分解，后列到站为滨港铁路方向时，在黄大铁路海兴南站或滨城站分解。

分解后普列到达滨城站，本务机摘车并由车站人员交付列尾后运行至东营西入库整备。滨城站调度机执行减轴作业，C64型减至55辆，C70A/70E型减至54辆，由滨港铁路机车挂车并办理货运交接手续，完成技检作业（视车辆互保协议内容而定）后牵引发车。

减轴重车辆数达到C64型55辆，C70A型54辆时由调度机编组成车列，由滨港铁路机车挂车并办理货运交接手续，完成技检作业（视车辆互保协议内容而定）后牵引发车。

滨港铁路方向返回列车由滨港铁路机车牵引至滨城站，办理货运交接手续后，滨港铁路机车换挂滨港铁路方向到煤。滨城站调度机挂返回列车进行技检（视车辆互保协议内容而定）、补轴作业后，组合万吨开行。

② 黄大铁路与滨港铁路列车交接地点为滨州物流中心卸煤场。

组合万吨列车前列到站为滨港铁路方向时，在黄大铁路海兴南站分解，后列到站为滨港铁路方向时，在黄大铁路海兴南站或滨城站分解。

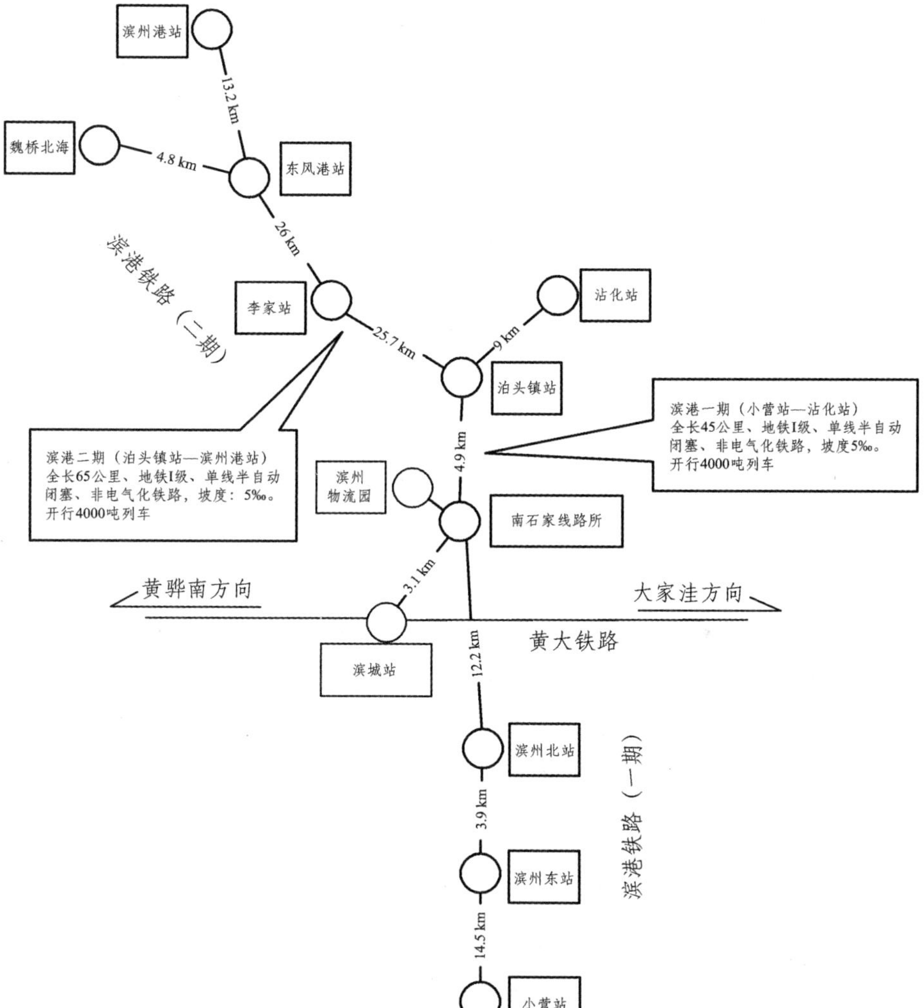


图 4-3　滨港铁路示意图

分解后普列到达滨城站，本务机摘车并由车站人员交付列尾后运行至东营西入库整备。滨城站调度机完成减轴作业，C64 型减至 55 辆，C70A 型减至 54 辆，后调车至滨州物流中心卸煤场线路。由滨港铁路机车挂车进行技检作业（视车辆互保协议内容而定）并办理货运交接手续后，牵引发车。

减轴重车辆数达到 C64 型 55 辆，C70A 型 54 辆时由滨城站调度机编组成车列，调车至滨州物流中心卸煤场线路。由滨港铁路机车挂车进行技检作业（视车辆互保协议内容而定）并办理货运交接手续后，牵引发车。

滨港铁路方向返回列车由滨港铁路机车牵引至滨州物流中心卸煤场线路，办理货运交接手续后，滨港铁路机车换挂滨港铁路方向到煤。滨城站调度机推送返回列车至滨城站进行技检（视车辆互保协议内容而定）、补轴作业并组合万吨开行。

（2）滨州物流中心通道。

滨州物流中心到达为 C64 或 C70E 型普列，万吨列车在黄大铁路管内具备分解条件车站（海兴南站、滨城站）分解为普列后，由本务机车牵引运行至滨州物流中心卸煤线（滨城站至滨州物流中心之间按列车办理）后，本务机摘车并由车站人员交付列尾后运行至东营西入库整备；卸空列车在滨州物流中心卸煤线由滨城站调度机挂车技检后推进至滨城站组合万吨后开行。

（3）东营港疏港铁路通道。

东营港疏港铁路方向列车以开行 C80 型万吨列车为主，万吨列车运行至利津站分解，本务机车摘车交付列尾后运行至东营西站入库整备；办理货运交接手续后，分解后普列由利港铁路公司机车牵引至大唐东营电厂；如分解后两小列中有寿光电厂方向列车，本务机车牵引分解后的寿光电厂方向普列继续运行；东营港疏港铁路方向返回列车在利津站办理货运交接手续，换挂黄大铁路机车后组合万吨列车开行。

东营港疏港铁路示意图如图 4-4 所示。

（4）国华寿光电厂通道。

寿光电厂方向列车以开行 C80 型万吨列车为主，万吨列车在利津站或东营西站分解，到达东营西站后，摘下列尾，直流机车担当本务时，乘务员换班；交流机车担当本务时，换挂东营西站调车机，运行至羊口站，办理货运交接手续后换挂益羊铁路管理处机车牵引至国华寿光电厂；电厂卸空列车由益羊铁路管理处机车挂运至羊口站，货运交接完毕，换挂黄大铁路机车运行至东营西站后本务机车摘车入库，车列进行技检作业后机车出库挂车在东营西站或利津站组合万吨列车发车，如图 4-5 所示。

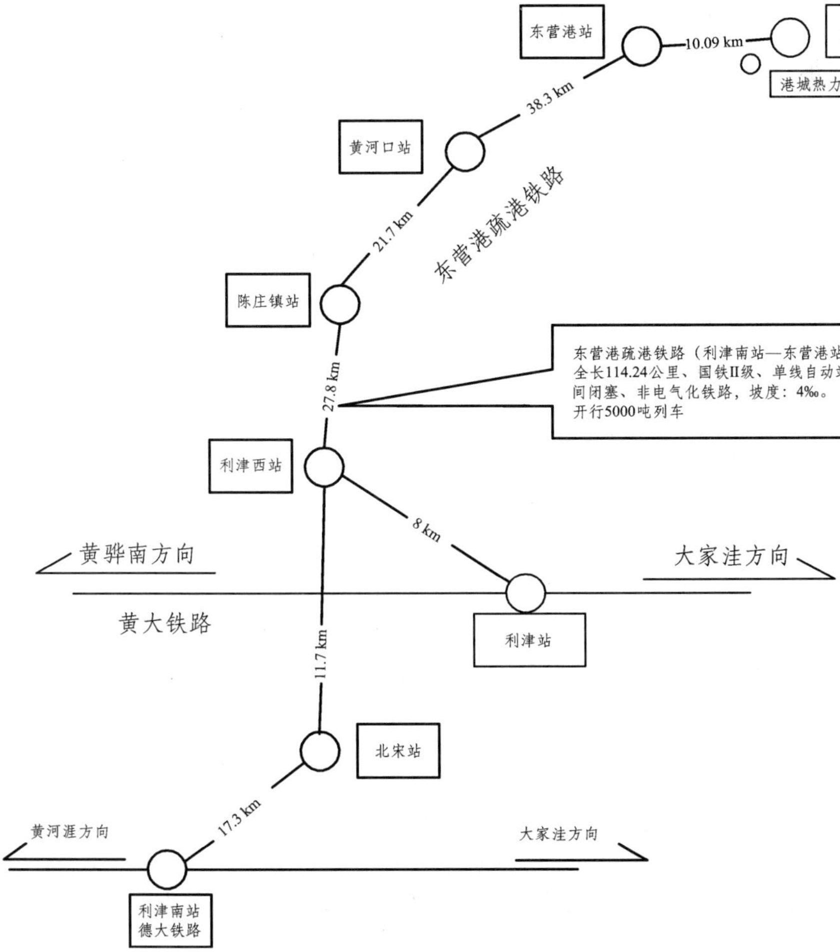


图 3-4　东营港疏港铁路示意图

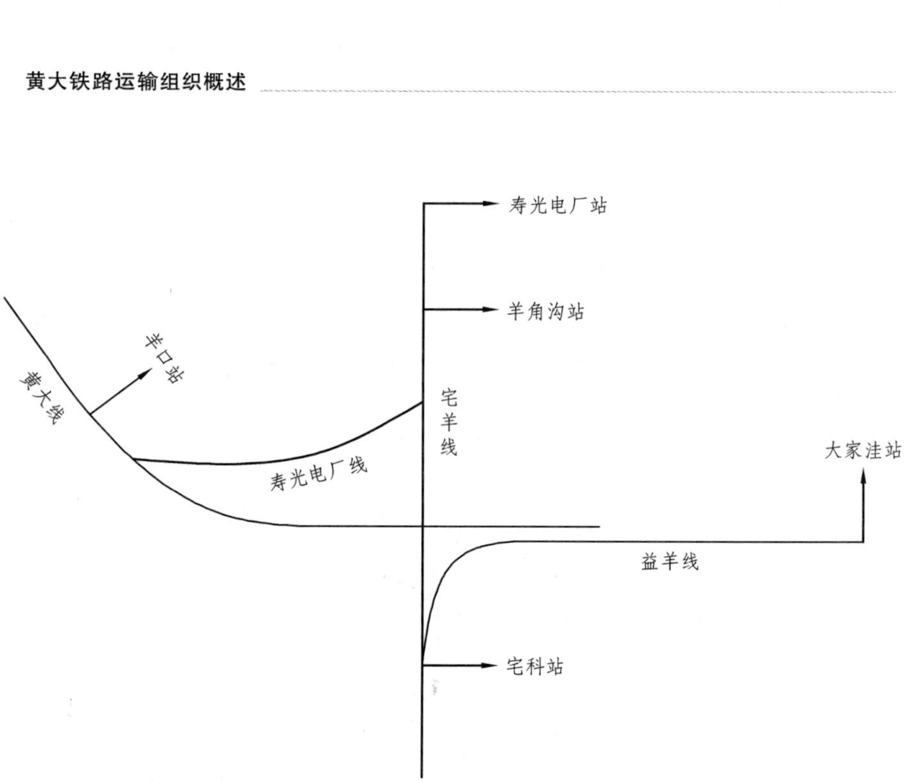


图 4-5 国华寿光电厂通道示意图

（5）大家洼通道

益羊铁路示意图如图 4-6 所示。

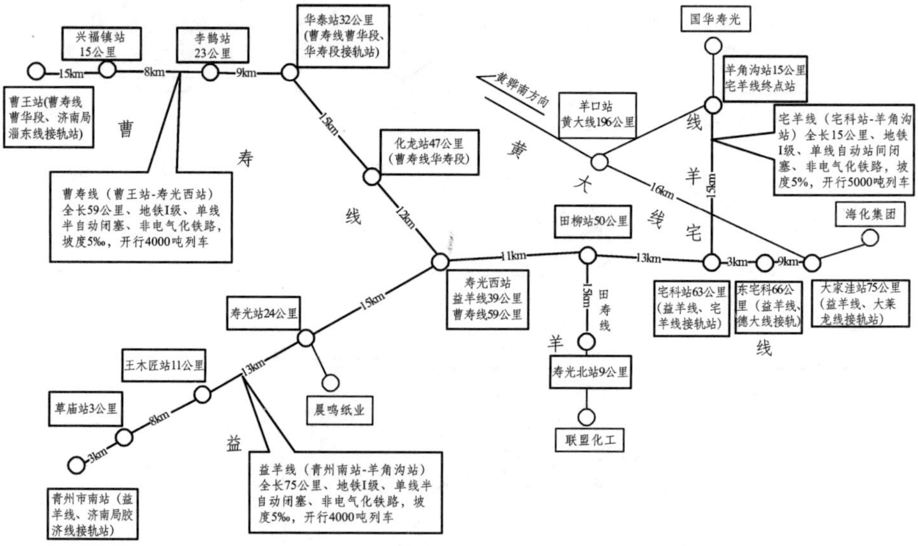


图 4-6 益羊铁路示意图

大莱龙铁路示意图如图 4-7 所示。

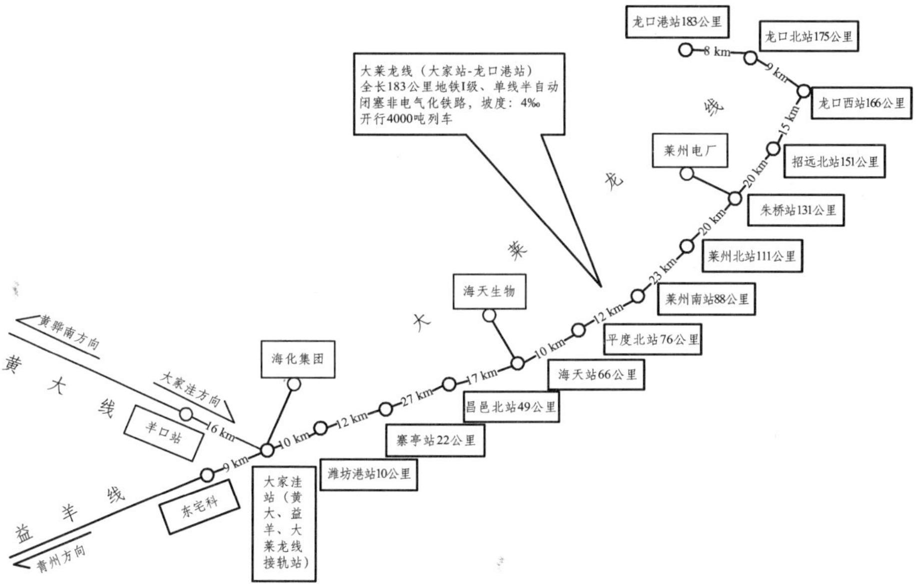


图 4-7　大莱龙铁路示意图

当前受益羊、大莱龙铁路车站到发线有效长、企业客户翻车机技术参数限制，大家洼方向列车以开行 C64 型或 C70E 型普列为主，万吨列车在黄大铁路具备分解条件的车站（海兴南、滨城、利津站）分解为普列。

羊口站至大家洼站开通前，分解后普列运行至东营西站，本务机乘务员站换，摘下列尾，列车由东营西调车机进行减轴作业，C64 型普列减轴至 55 辆，C70E 型普列减轴至 54 辆后技检（是否技检，视车辆互保协议内容而定），再运行至羊口站，完成货运交接手续，由益羊铁路管理处机车挂车（同时为加快作业效率，由机车重新设定风压定值 600 kPa）后牵引至羊角沟站折回宅科站再折回大家洼站；返回列车亦按折角路线运行到羊口站，办理货运交接、换挂黄大铁路机车，运行至东营西站机车入库整备、车列进行补轴、技检作业（视车辆互保协议内容而定）后机车出库挂车运行至具备组合万吨列车条件的车站（利津站）组合万吨列车开行。

羊口站至大家洼站开通后，分解后普列运行至东营西站，本务机乘务员站换，摘下列尾，列车由东营西调车机进行减轴作业，C64 型普列减轴至 55 辆，C70E 型普列减轴至 54 辆，再运行至大家洼站，完成货运交接手续，本务机车换挂返回黄大铁路管内列车运行至东营西站，机车入库整备，车列进行补轴、技检作业（视车辆互保协议内容而定）后机车出库挂车运行至具备组合万吨列车条件的车站（利津站）组合万吨列车开行。

大莱龙铁路扩能改造完成后，分解后普列运行至东营西站，本务机车乘务员站换，再运行至大家洼站，完成货运交接手续，本务机车换挂返回黄大铁路管内列车运行至东营西站，机车入库整备，车列进行技检作业（视车辆互保协议内容而定）后机车出库挂车运行至具备组合万吨列车条件的车站（利津站）组合万吨列车开行。

3．调度集中区段基本控制模式、操作方式及行车指挥的规定

（1）黄大铁路 10 个车站全部采用分散自律控制模式下的车站操作方式。

（2）分散自律控制模式下的车站操作方式的车站，行车指挥工作由车站值班员统一负责。

4．车站作业

（1）接发列车作业。

① 正常情况执行 Q/SHTL-CW01—2021（《国能朔黄铁路发展有限责任公司车务专业作业标准》）《自动站间闭塞分散自律控制模式下车站操作方式（未设信号员）》；非正常情况执行 Q/SHTL-CW01—2021《单双线电话闭塞无联锁》接发列车作业标准。

② 黄大铁路贾象、碣石山、沾化西、丁庄4个中间站，取消外勤助理值班员接发车作业，由黄大铁路公司采取安装运行监控设备等安全保障措施及相应作业办法，确保作业安全。

（2）调车作业。

调车作业执行《调车作业标准》（Q/SHTL-CW02—2021）有关规定。

## 第十节 黄大铁路列车车次

黄大线方向列车车次以黄骅南站为界，在朔黄线执行上行（重车）双数、下行（空车）单数的规定，黄大线管内执行上行（空车）双数、下行（重车）单数的规定。空车在原车次上加1，重车在原车次上减1。

两单元列车组合为万吨重车列车时，车次采用前一列单元列车次为冠名车次，且在车次前加数字“1”的方式。如利用C70或C80单元列车组合万吨，7002（8002）次与7004（8004）次C70（C80）单元重车组合万吨列车后的车次为17002次（18002次）。当万吨拆解后，恢复原车次7002（8002）、7004（8004）。

组合万吨空车时（空车车次为相应重车车次减1），车次编码方式同万吨重车车次，如7003次与7005次单元空车组合万吨空车车次为17003。利用C64车体组合万吨列车时（66+66），处理办法同C70、C80万吨组合方法一致。做到车次与车底固定。

与接轨铁路交接的列车车次在交接口站按照相关铁路规定做相应更改。

# 第十一节　运输能力测算

## 一、区间通过能力

### 1. 列车区间运行时分及起停附加时分

| 站名 | 上行 | | | | 区间 | 下行 | | | | 机车类型 |
|---|---|---|---|---|---|---|---|---|---|---|
| | 通通时分 | 起车附加 | 停车附加 | 备注 | 公里 | 通通时分 | 起车附加 | 停车附加 | 备注 | |
| 黄骅南 | | | | 注：1. 通通时分：万吨、普通货物列车；<br>2. 附加时分：万吨、普通货物列车； | | | | | | SS4B<br>SS4改<br>神8<br>神12<br>HXD1 |
| | 12 | 4 | 4 | | 11.6 | 12 | 4 | 4 | | |
| 贾象 | | | | | | | | | | |
| | 26 | 4 | 4 | | 23.2 | 26 | 4 | 4 | | |
| 海兴南 | | | | | | | | | | |
| | 27 | 4 | 4 | | 27.2 | 27 | 4 | 4 | | |
| 碣石山 | | | | | | | | | | |
| | 9 | 4 | 4 | | 8.0 | 9 | 4 | 4 | | |
| 无棣北 | | | | | | | | | | |
| | 25 | 4 | 4 | | 22.8 | 25 | 4 | 4 | | |
| 沾化西 | | | | | | | | | | |
| | 25 | 4 | 4 | | 21.5 | 25 | 4 | 4 | | |
| 滨城 | | | | | | | | | | |
| | 18 | 4 | 4 | | 16.1 | 18 | 4 | 4 | | |
| 利津 | | | | | | | | | | |
| | 34 | 4 | 4 | | 31.6 | 34 | 4 | 4 | | |
| 东营西 | | | | | | | | | | |
| | 16 | 3 | 3 | | 14.8 | 16 | 3 | 3 | | |
| 丁庄 | | | | | | | | | | |
| | 24 | 3 | 3 | | 22.2 | 24 | 3 | 3 | | |
| 羊口 | | | | | | | | | | |
| | 20 | 3 | 3 | | 15.5 | 20 | 3 | 3 | | |
| 大家洼 | | | | | | | | | | |

注：货物列车上下行区间通通时分按照 55 km/h 计算。

## 2. 车站间隔时间标准

会车间隔时间（$\tau_{会}$）为 2 min；不同时到达间隔时间（$\tau_{不}$）为 4 min；$\tau_{连发}=4$ min。

## 3. 其他技术作业时间

（1）技术指标要求。

技术站发车准备（信号开放至列车启动）时间为 2 min，要求技术站及时向乘务员传达发车计划。

（2）货物列车临时慢行附加时分。

线路允许速度＞45 km/h 时，普通货物列车附加 2 min，万吨列车附加 3 min；线路允许速度≥35 km/h 且≤45 km/h 时，普通货物列车附加 3 min，万吨列车附加 4 min；线路允许速度≤35 km/h 时，货物列车限点运行。

## 4. 通过能力

<table>
<tr><th>站名</th><th>黄骅南</th><th>贾象</th><th>海兴南</th><th>碣石山</th><th>无棣</th><th>沾化西</th><th>滨州北</th><th>利津</th><th>油郭</th><th>东营西</th><th>丁庄</th><th>羊口</th><th>大家洼</th><th>备注</th></tr>
<tr><td rowspan="2">站间距离/km</td><td rowspan="2">11.6</td><td rowspan="2">23.5</td><td rowspan="2">24.9</td><td rowspan="2">8</td><td rowspan="2">22.8</td><td rowspan="2">23.2</td><td rowspan="2">16.1</td><td colspan="2">31.5</td><td rowspan="2">14.9</td><td rowspan="2">22.3</td><td colspan="2" rowspan="2">15.5</td><td rowspan="2"></td></tr>
<tr><td>22.9</td><td>8.7</td></tr>
<tr><td rowspan="2">通过能力/对</td><td rowspan="2">43.2</td><td rowspan="2">26.7</td><td rowspan="2">25.5</td><td rowspan="2">51.4</td><td rowspan="2">27.3</td><td rowspan="2">26.9</td><td rowspan="2">34.6</td><td colspan="2">21.4</td><td rowspan="2">40.7</td><td rowspan="2">30.1</td><td colspan="2" rowspan="2">39.5</td><td rowspan="2">黄骅南—东营西为万吨列车，东营西—大家洼为普列</td></tr>
<tr><td>27.2</td><td>48.2</td></tr>
</table>

注：

$$T_{周}=\sum t_{运}+\sum t_{起停}+\sum \tau_{站}$$

$$\sum t_{站}=\tau_{不}+\tau_{会}$$

$\tau_{不} = t_{作业}(1\ \text{min}) + 0.5 l_{列} + l_{确} + l_{制} + l_{进} / v_{进}(74\ \text{km/h})\ (\text{min})$

$\tau_{会} = t_{作业}(1\ \text{min}) + t_{附}$

$t_{附}$：司机确认行车凭证、值班员显示发车指标信号、车长显示发车信号至列车起动的一段时间，取值为 0；

$n = (1\ 440 - t_{空隙}) / T_{周}$；

$t_{起停} = 6\ \text{min}(普列)/8\ \text{min}(万吨)$；

$l_{列}$：列车长度，万吨神 8 牵引；普列 SS4B 牵引；

$l_{确} = 200\ \text{m}$（司机确认进站信号显示状态时间内列车运行距离）；

$l_{制} = 800\ \text{m}$（列车制动距离）；

$l_{进}$：进站信号机至车站中心线距离；

上行让下行，空车让重车。

其中，机车长度数据如下：

神 8：35.304 m；车列长：C80：648 m；C70A：796.108 m；C70E：810.608 m；C64：886.908 m；C64K：886.38 m。

$t_{作业}$包括：① 信号员报告列车整列到达停于警冲标内；对向列车出发进路准备妥当。报告列车整列出站（0.2 min）；② 开放出站信号机信号时间（0.1 min）；③ 办理单线自动闭塞手续的时间（0.1 min）；④ 准备进路办理集中联锁道岔的时间（0.1 min）；⑤ 电气集中装置准备进路的时间（0.1min）。

利津、东营西设有信号员，$t_{作业}$还包括：① 车站值班员向信号员发出准备列车进路命令（0.2 min）；② 信号员报告列车到达、出发或通过进路准备妥当，车站值班员发出开放进站或出站信号的命令（0.2 min）。

经初算黄大铁路区间最大能力为碣石山至无棣区间，区间通过能力 51.4 对；万吨限制区间为利津至东营西站间，区间通过能力 21.4 对；普列限制区间为丁庄至羊口站间，区间通过能力 30.2 对，运输能力 4 400 万吨。

# 第十二节　机车、车辆需求

1．黄大铁路机车需求测算

1）列车运行时分

根据前述黄大铁路各项技术指标测算，黄大铁路各区段列车旅行时间，如下表。

| 肃宁北站至大家洼站的距离及时间 | | | |
|---|---|---|---|
| 区段 | 运行距离/km | 旅行时间/h | |
| | | 上行 | 下行 |
| 肃宁北至黄骅南 | 132 | 1.9 | 1.8 |
| 黄骅南至羊口 | 196.4 | 4.9 | 4.9 |
| 黄骅南至大家洼 | 211.9 | 5.3 | 5.3 |
| 其他各中间站运行距离及时间 | | | |
| 黄骅南至贾象 | 10.6 | 0.3 | 0.3 |
| 黄骅南至海兴南 | 33.9 | 0.8 | 0.8 |
| 黄骅南至碣石山 | 59.5 | 1.5 | 1.5 |
| 黄骅南至无棣 | 67.5 | 1.7 | 1.7 |
| 黄骅南至沾化西 | 90.3 | 2.3 | 2.3 |
| 黄骅南至滨州北 | 111.7 | 2.8 | 2.8 |
| 黄骅南至利津 | 127.8 | 3.2 | 3.2 |
| 黄骅南至东营西 | 160.3 | 4.0 | 4.0 |
| 羊口至大家洼 | 15.5 | 0.39 | 0.39 |

备注：黄骅南至大家洼站间的运行时分按照旅速 40 km/h 计算。

肃宁北至沾化西运行距离 222 km，旅行时间 4.2 h；

肃宁北至滨州北运行距离 243.7 km，旅行时间 4.7 h；

肃宁北至东营西运行距离 292.3 km，旅行时间 5.9 h；

肃宁北至羊口运行距离 328.49 km，旅行时间 6.8 h；

东营西至大家洼运行距离 55 km，旅行时间 1.4 h。

2）机车需求

（1）机车全周转时间。

按照前述机车交路与乘务方式，黄大铁路机车全周转时间：黄骅南至大家洼单程运行时间为 5.3 h，大家洼换挂为 1.5 h，东营西换挂、出入库、机车整备为 4.5 h，合计 16.6 h，机车全周转系数取 0.7。

（2）机车需求。

① 运量 ÷（全年实际天数）÷ 0.838 0（牵引载重）≈ 列车对数（牵引载重取 C70、C80 万吨的平均数）。

② 测得需要干线牵引机车为：列车对数 × 机车周转系数 ≈ 机车台数（交流机车），该机车台数不含检备率。

③ 经多次对黄大铁路周边市场调研，黄大铁路开通初期运量有望达到 3 197 万吨，远期有望达到 4 572 万吨。按照初期设想运量 3 197 万吨，远期设想运量 4 572 万吨，测算机力需求如下。

机力需求测算

| 运量/万吨 | 列车对数 | 年实际使用天数/天 | 列车对数取值/万吨 | 单列运量 | 机车周转系数 | 机力需求/台 | 折合直流台数/台 | 合计 |
|---|---|---|---|---|---|---|---|---|
| | | | | | | | | 交/直 |
| 3 197 | 10.99 | 347 | 11 | 8 380 | 0.7 | 7.7 | 16 | 8/16 |
| 4 752 | 16.34 | 347 | 17 | | 0.7 | 11.9 | 24 | 12/24 |

机车需求数量：机车检备率 12% 按计算，近期、远期需要的交流机车台数分别为交流 8 台（含 1 台检备率）、2 台直流；交流 12 台（含 2 台检备率）、4 台直流。内燃调车机 1 台，设在滨州北站。

2．黄大铁路开通初期车辆需求测算

按照国家能源集团本年度6月份实际运量需求日均236列煤炭、50列非煤的样本，当月货车全周转时间及集团自备车台数测算如下：

（1）运用货车数=日均工作量*货车周转时间

（2）货车全周转时间=1/24*(全周转距离/旅行速度+全周转距离/中转距离*货车平均中转停留时间+管内装卸率*平均一次作业停留时间)。

<table>
<tr><th rowspan="2">车型</th><th rowspan="2">数量/辆</th><th colspan="2">平均周时/天</th><th rowspan="2">编组辆数</th><th colspan="2">可编列数/列</th><th colspan="4">实际运量需求/列</th><th colspan="2">剩余</th></tr>
<tr><th>朔黄线</th><th>黄大线</th><th>普列</th><th>普列（含3%检备率）</th><th>朔黄线煤炭需求</th><th>黄大线煤炭需求</th><th>非煤需求</th><th>总需求</th><th>车列</th><th>辆数</th></tr>
<tr><td>C80</td><td>23624</td><td>3</td><td>3.8</td><td>54</td><td>437</td><td>424</td><td rowspan="2">158</td><td rowspan="2">8</td><td rowspan="2"></td><td rowspan="2">504</td><td rowspan="2">－42</td><td rowspan="2">－2 285</td></tr>
<tr><td>C80B</td><td>2100</td><td>3</td><td>3.8</td><td>54</td><td>39</td><td>38</td></tr>
<tr><td>C70A</td><td>4910</td><td>3.2</td><td>3.2</td><td>58</td><td>85</td><td>82</td><td>27</td><td></td><td></td><td>86</td><td>－4</td><td>－249</td></tr>
<tr><td>C70E</td><td>3600</td><td>4</td><td>4</td><td>66</td><td>39</td><td>37</td><td>4</td><td></td><td></td><td>16</td><td>21</td><td>1 412</td></tr>
<tr><td>C64K大号</td><td>7940</td><td>4</td><td>4</td><td>66</td><td>120</td><td>117</td><td>16</td><td></td><td></td><td>64</td><td>53</td><td>3 478</td></tr>
<tr><td>C64K小号</td><td>8999</td><td>4</td><td>5.1</td><td>66</td><td>136</td><td>132</td><td>31</td><td>12</td><td>50</td><td>185</td><td>－103</td><td>－6 794</td></tr>
</table>

筹备期间调研的企业中，仅有国华寿光和大唐东营电厂可翻卸C80型车辆，其余企业只能翻卸C64/70E型车辆。

目前集团C64型自备车可编组249列、C70E型车辆可编组37列，其中非煤运输固定车体占用50列，煤炭运输需要265列，合计315列。以C64型车辆为例，黄大铁路开通后按照初期运量和车辆周转时间（C64/70E型5.1天）测算，如利用C64型大号车和C70E型车进行调节，C64型车辆缺口为29列1914辆。

# 第五章 非正常情况接发列车办法

行车设备临时故障时接发列车安全流程图如图 5-1 所示。

车站值班员通行车设备临时故障时，须按以下程序执行。

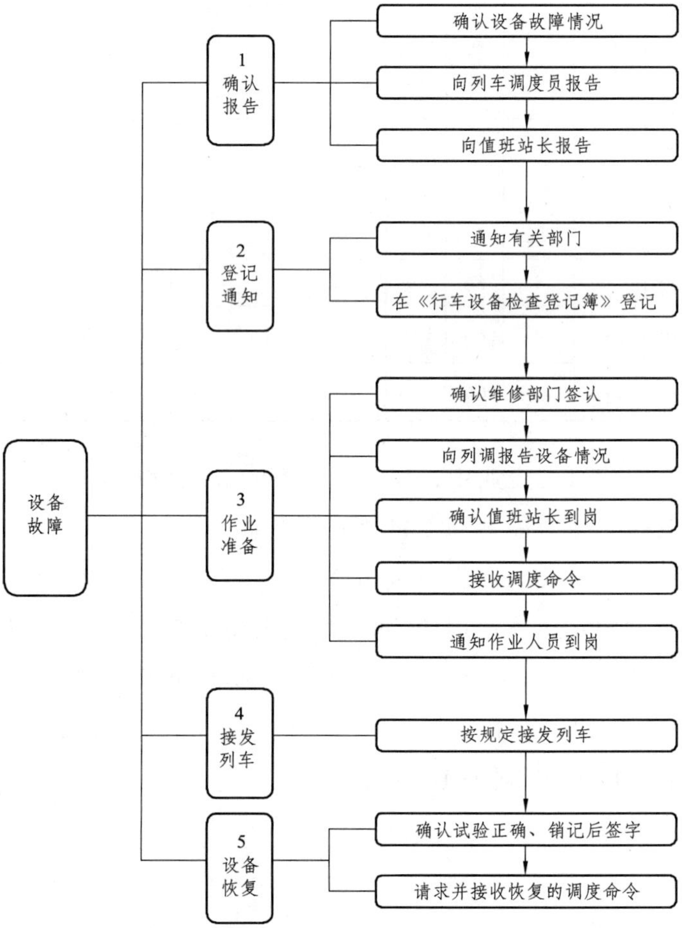


图 5-1 行车设备临时故障时接发列车安全流程图

## 第一节　计轴自动站间闭塞设备常见故障处理

1. 故障现象一

（1）区间无车时，计轴停用表示灯亮稳定红灯。

（2）计轴显示器显示字符“J”或“B”，区间占用表示灯亮红灯。

（3）计轴显示器显示字符“A”，区间占用表示灯亮红灯（外界干扰消失后设备仍不恢复）。

（4）计轴系统室内部轨继故障，显示器左边第一位显示“E”，其他三位熄灭。

（5）轴显故障或电源故障，显示器数码全部熄灭。

故障处理：停用计轴自动站间闭塞转换为半自动闭塞。

2. 故障现象二

（1）区间无车时，区间占用表示灯亮红灯。

（2）列车到达后区间占用表示灯红灯不灭。

（3）计轴显示器显示字符“P”或“F”，区间占用表示灯亮红灯。

（4）负轴故障：计轴显示器左边第一位显示“－”号，其他三位显示轴数或0，四位同时闪光。

（5）计轴显示器显示字符“C”，区间占用表示灯亮红灯。

故障处理：相邻两站使用计轴复零按钮，如不能复零，停用计轴自动站间闭塞转换为半自动闭塞。

3. 故障现象三

列车到达后，区间占用表示灯亮白灯，闭塞机不正常复原。

故障处理：到达站使用故障按钮办理故障复原。

注意事项：

（1）使用计轴复零按钮时两站应尽量保持同步，并同时使用3～5 s。

（2）相邻两站须共同确认区间空闲并取得调度命令后方可使用计轴复零、计轴停用、故障按钮或改变闭塞方式。

## 第二节　进站信号机故障接车作业

1．故障现象

（1）信号机故障不能正常开放进站信号，但可开放引导信号。

（2）信号机故障不能正常开放进站信号，也不能开放引导信号。

2．故障处理

通知电务人员处理。

3．闭塞方式

计轴自动站间闭塞。

4．进路准备

（1）准备进路：排列接车进路，确认正确后取消接车进路。

（2）确认进路：使用接通光带按钮检查接车进路上道岔开通位置是否正确。

（3）锁闭进路：以引导信号开放后的进路白色光带锁闭。

5．接车方式

（1）按压引导按钮，开放引导信号。

（2）不能开放引导信号时，派引导员到进站信号机外适当地点显示引导手信号。

6. 注意事项

使用列车无线调度通信设备（其通信记录装置作用良好时），向司机直接发布或由车站值班员转达引导接车的原因及调度命令号码。

## 第三节　出站信号机故障发车作业

1. 故障现象

出站信号机不能开放出站信号。

2. 故障处理

通知电务人员处理。

3. 闭塞方式

电话闭塞。

确认区间空闲后请求闭塞：

根据《行车日志》、区间占用表示灯、闭塞表示灯及各种行车表示牌确认。

4. 进路准备

（1）准备进路：排列发车进路。

（2）锁闭进路：发车进路白色光带锁闭。

（3）确认进路：通过进路白色光带确认。

5. 行车凭证

路票。

6．注意事项

须向司机交递停止基本闭塞改电话闭塞办理行车的调度命令。

路票填写式样如图 5-2 所示。

路票

电话记录第*1*号

车次*6001*

贾象 ——→ 海兴南

贾象站（站名印）贾象站 编号000001

图 5-2　路票填写式样

## 第四节　进站信号机内方第一轨道电路区段出现红光带接车作业

1．故障现象

进站信号机内方第一轨道电路区段出现红光带。

2．故障处理

（1）车站派人现场检查。

（2）通知电务、工务人员处理：

① 电务处理故障未完，须得到工务确定的放行列车条件通知并在《行车设备检查登记簿》内销记后，方可按非正常情况接车。

② 虽未得到工务确定的放行列车条件通知，但红光带消失，电务处

理故障完毕并在《行车设备检查登记簿》内销记，车站应立即恢复正常行车。

（3）闭塞方式：计轴自动站间闭塞（接车前已停基改电时，应为电话闭塞）。

（4）进路准备。

① 准备进路：排列调车进路，确认正确后取消调车进路（不能以排列调车进路方式操纵的道岔单操并单锁）。

② 确认进路：使用接通光带按钮检查接车进路上道岔开通位置是否正确。

③ 锁闭进路：以引导信号开放后的进路白色光带锁闭。

（5）接车方式：按压引导按钮，开放引导信号。

① 继电联锁 6502 控制台，须一直按压引导按钮，待确认列车头部越过进站信号机后方可松手。

② 计算机联锁每隔 秒须再次点压引导按钮，否则引导信号将关闭。

（6）列车到达开通区间。

须现场确认列车整列到达或通过。

## 第五节　进站信号机内方第一轨道电路区段出现红光带发车作业

1．故障现象

进站信号机内方第一轨道电路区段出现红光带。

2．故障处理

（1）车站派人现场检查。

（2）通知电务、工务人员处理：

① 电务处理故障未完，须得到工务确定的放行列车条件通知并在《行车设备检查登记簿》内销记后，方可按非正常情况发车。

② 虽未得到工务确定的放行列车条件通知，但红光带消失，电务处理故障完毕并在《行车设备检查登记簿》内销记，车站应立即恢复正常行车。

（3）闭塞方式：电话闭塞。

确认区间空闲后请求闭塞：根据《行车日志》、区间占用表示灯、闭塞表示灯及各种行车表示牌确认。

（4）进路准备。

① 准备进路：排列调车进路（不能以排列调车进路方式操纵的道岔单操并单锁）。

② 锁闭进路：调车进路白色光带锁闭（单操的道岔单锁）。

（5）确认进路：通过调车进路白色光带（使用接通光带按钮）检查发车进路上道岔开通位置是否正确。

（6）行车凭证：路票。

（7）注意事项：须向司机交递停止基本闭塞改电话闭塞办理行车的调度命令。

## 第六节　道岔区段轨道电路红光带接车作业

### 1．故障现象

道岔区段轨道电路出现红光带。

### 2．故障处理

（1）车站派人现场检查。

（2）通知电务、工务人员处理。

① 电务处理故障未完，须得到工务确定的放行列车条件通知并在《行车设备检查登记簿》内销记后，方可按非正常情况接车。

② 虽未得到工务确定的放行列车条件通知，但红光带消失，电务处理故障完毕并在《行车设备检查登记簿》内销记，车站应立即恢复正常行车。

（3）闭塞方式：计轴自动站间闭塞（接车前已停基改电时，应为电话闭塞）。

（4）进路准备。

① 准备进路：手摇故障道岔至接车进路位置。非故障道岔室内排列调车进路，确认正确后取消调车进路（不能以排列调车进路方式操纵的道岔单操并单锁）。

② 确认进路：室外现场确认故障道岔开通位置正确，室内使用接通光带按钮检查接车进路上非故障道岔开通位置是否正确。

③ 锁闭进路：室外仅对故障道岔加勾锁器，室内利用引导信号开放后的进路白色光带锁闭。

（5）接车方式。

① 故障道岔未现场摇动，按下引导按钮，开放引导信号。

② 故障道岔已现场摇动，须先按下引导总锁闭按钮，再按下引导按钮，开放引导信号。

（6）列车到达开通区间。

须现场确认列车整列到达或通过。

（7）注意事项。

对进路上的故障分动外锁闭道岔（不论对向、顺向），均应对密贴尖轨、斥离尖轨和可动心轨使用专用勾锁器加锁。

## 第七节　道岔区段轨道电路红光带发车作业

1．故障现象

道岔区段轨道电路出现红光带。

2．故障处理

（1）车站派人现场检查。

（2）通知电务、工务人员处理。

（3）电务处理故障未完，须得到工务确定的放行列车条件通知并在《行车设备检查登记簿》内销记后，方可按非正常情况发车。

（4）虽未得到工务确定的放行列车条件通知，但红光带消失，电务处理故障完毕并在《行车设备检查登记簿》内销记，车站应立即恢复正常行车。

（5）闭塞方式：电话闭塞。

确认区间空闲后请求闭塞：根据《行车日志》、区间占用表示灯、闭塞表示灯及各种行车表示牌确认。

（6）进路准备。

① 准备进路：手摇故障道岔至发车进路位置。非故障道岔室内排列调车进路（不能以排列调车进路方式操纵的道岔单操并单锁）。

② 锁闭进路：室外仅对故障道岔加勾锁器，室内对进路上非故障道岔利用调车进路白色光带锁闭（单操的道岔单锁）。

③ 确认进路：室外现场确认故障道岔开通位置正确，室内通过调车进路白色光带（使用接通光带按钮）检查发车进路上非故障道岔开通位置是否正确。

（7）行车凭证：路票。

要道还道：交递路票前，发车人员须与扳道员先对道。

（8）注意事项。

① 须向司机交递停止基本闭塞改电话闭塞办理行车的调度命令。

② 对进路上的故障分动外锁闭道岔（不论对向、顺向），均应对密贴尖轨、斥离尖轨和可动心轨使用专用勾锁器加锁。

## 第八节　接车股道区段红光带接车作业

1．故障现象

接车线路无车占用，而控制台（计算机联锁站场显示终端）显示红光带。

2．故障处理

（1）车站派人现场检查。

（2）通知电务、工务人员处理。

① 电务处理故障未完，须得到工务确定的放行列车条件通知并在《行车设备检查登记簿》内销记后，方可按非正常情况接车。

② 虽未得到工务确定的放行列车条件通知，但红光带消失，电务处理故障完毕并在《行车设备检查登记簿》内销记，车站应立即恢复正常行车。

（3）闭塞方式：计轴自动站间闭塞。

（4）进路准备。

① 准备进路：排列调车进路，确认正确后取消调车进路（不能以排列调车进路方式操纵的道岔单操并单锁）。

② 确认进路：使用接通光带按钮检查接车进路上道岔开通位置正确。

③ 锁闭进路：以引导信号开放后的进路白色光带锁闭。

④ 接车方式：按下引导按钮，开放引导信号列车到达：须现场确认列车整列到达或通过。

（5）注意事项。

使用列车无线调度通信设备（其通信记录装置作用良好时），向司机直接发布或由车站值班员转达引导接车的原因及调度命令号码。

## 第九节 道岔失去定反位表示接车作业

1．故障现象

道岔定（反）位表示灯无表示，挤岔铃响。

2．故障处理

（1）车站派人现场检查，确认道岔卡异物，处理后道岔恢复正常使用。

（2）通知电务、工务现场检查确认为道岔故障时：

① 须得到工务确定的放行列车条件通知并在《行车设备检查登记簿》内销记，方可按非正常情况接车。

② 故障处理完毕，电务、工务均销记后，方可恢复正常行车。

闭塞方式：计轴自动站间闭塞（接车前已停基改电时，应为电话闭塞）。

（3）进路准备。

① 准备进路：手摇故障道岔至接车进路位置。非故障道岔室内排列调车进路，确认正确后取消调车进路（不能以排列调车进路方式操纵的道岔单操并单锁）。

② 确认进路：室外现场确认故障道岔开通位置正确，室内使用接通光带按钮检查接车进路上非故障道岔开通位置是否正确。

③ 锁闭进路：室外仅对故障道岔加勾锁器，室内按下引导总锁闭锁闭进路接车方式：先按下引导总锁闭按钮，再按下引导按钮，开放引导信号列车到达。

（4）开通区间。

须现场确认列车整列到达或通过。

（5）注意事项。

对进路上的故障分动外锁闭道岔（不论对向、顺向），均应对密贴尖轨、斥离尖轨和可动心轨使用专用勾锁器加锁。

## 第十节　道岔失去定反位表示发车作业

1．故障现象

道岔定（反）位表示灯无表示，挤岔铃响。

2．故障处理

（1）车站派人现场检查，确认道岔卡异物，处理后恢复道岔正常使用。

（2）通知电务、工务现场检查确认为道岔故障时：

① 须得到工务确定的放行列车条件通知并在《行车设备检查登记簿》内销记，方可按非正常情况发车。

② 故障处理完毕，电务、工务均销记后，方可恢复正常行车。

（3）闭塞方式：电话闭塞。

确认区间空闲后请求闭塞。根据《行车日志》、区间占用表示灯、闭塞表示灯及各种行车表示牌确认。

（4）进路准备。

① 准备进路：手摇故障道岔至发车进路位置。非故障道岔室内排列调车进路（不能以排列调车进路方式操纵的道岔单操并单锁）。

② 锁闭进路：室外仅对故障道岔加勾锁器，室内对进路上非故障道岔利用调车进路白色光带锁闭（单操的道岔单锁）。

③ 确认进路：室外现场确认故障道岔开通位置正确，室内通过调车

进路白色光带（使用接通光带按钮）检查发车进路上非故障道岔开通位置是否正确。

（5）行车凭证：路票。

要道还道：交递路票前，发车人员须与扳道员先对道。

（6）注意事项。

① 须向司机交递停止基本闭塞改电话闭塞办理行车的调度命令。

② 对进路上的故障分动外锁闭道岔（不论对向、顺向），均应对密贴尖轨、斥离尖轨和可动心轨使用专用勾锁器加锁。

## 第十一节　接近区段红光带接车作业

1．故障现象

区间无车，接近区段红光带。

2．故障处理

（1）通知电务、工务人员处理。

须得到工务确定的放行列车条件通知并在《行车设备检查登记簿》内销记，方可接车（不能及时销记时，双方共同做好记录，故障处理完毕后，补办登销记手续）。

虽未得到工务确定的放行列车条件通知，但红光带消失，电务处理故障完毕，并在《行车设备检查登记簿》内销记，车站应立即恢复正常行车。

（2）闭塞方式：计轴自动站间闭塞。

（3）接车方式：排列接车进路，开放进站信号。

（4）列车到达：须现场确认列车整列到达或通过。

## 第十二节　接近区段红光带发车作业

1．故障现象

区间无车，接近区段红光带。

2．故障处理

（1）通知电务、工务人员处理。

须得到工务确定的放行列车条件通知并在《行车设备检查登记簿》内销记，方可发车（不能及时销记时，双方共同做好记录，故障处理完毕后，补办登销记手续）。

虽未得到工务确定的放行列车条件通知，但红光带消失，电务处理故障完毕，并在《行车设备检查登记簿》内销记，车站应立即恢复正常行车。

（2）闭塞方式：计轴自动站间闭塞。

确认区间空闲后请求闭塞：根据《行车日志》、区间占用表示灯、闭塞表示灯及各种行车表示牌确认。

（3）进路准备：排列发车进路，开放出站信号。

（4）行车凭证：出站信号机显示的进行信号。

## 第十三节　站内信号设备电源停电或轨道电路停电接车作业

1．故障现象

（1）站内信号设备电源停电，控制台（计算机联锁站场显示终端）无显示。

（2）站内轨道电路停电，控制台（计算机联锁站场显示终端）一片红光带。

2．故障处理

（1）通知电务、供电人员处理。

（2）停电前区间已有车占用时，相邻两站确认列车整列到达、区间空闲后，停止基本闭塞改电话闭塞办理行车。

（3）进路准备。

① 准备进路：手摇道岔至接车进路位置。

② 锁闭进路：使用勾锁器对进路上的所有道岔（不论对向、顺向）及邻线上的防护道岔加锁。

③ 确认进路：扳道员间要道还道。

（4）接车方式。

车站值班员再次得到接车进路准备好的汇报后，派引导员到进站信号机外适当地点显示引导手信号。

（5）开通区间。

现场确认列车整列到达或通过后，方可开通区间。

（6）注意事项。

① 接车人员、扳道员须现场检查确认接车线路空闲。

② 对进路上的分动外锁闭道岔（不论对向、顺向），均应对密贴尖轨、斥离尖轨和可动心轨使用专用勾锁器加锁。

## 第十四节　站内信号设备电源停电或轨道电路停电发车作业

1．故障现象

（1）站内信号设备电源停电，控制台（计算机联锁微机显示终端）无显示。

（2）站内轨道电路停电，控制台（计算机联锁微机显示终端）一片红光带。

2．故障处理

（1）通知电务、供电人员处理。

（2）停电前区间已有车占用时，相邻两站确认列车整列到达、区间空闲后，停止基本闭塞改电话闭塞办理行车。

（3）闭塞方式：电话闭塞。

确认区间空闲后请求闭塞：根据《行车日志》、各种行车表示牌确认。

（4）进路准备。

① 准备进路：手摇道岔至发车进路位置。

② 锁闭进路：使用勾锁器对进路上的所有道岔（不论对向、顺向）及邻线上的防护道岔加锁。

③ 确认进路：扳道员间要道还道。

（5）行车凭证：路票。

要道还道：交递路票前，发车人员须与扳道员先对道。

（6）注意事项。

① 须向司机交递停止基本闭塞改电话闭塞办理行车的调度命令。

② 对进路上的分动外锁闭道岔（不论对向、顺向），均应对密贴尖轨、斥离尖轨和可动心轨使用专用勾锁器加锁。

## 第十五节　车站信号设备大中修施工接车作业

1．影响范围

电务信号设备全部停用。

2．施工步骤

（1）室内外信号设备全部停用，道岔须现场人工摇动。

（2）电务调试阶段：室内可逐步在控制台（计算机联锁站场显示终端）上操纵道岔、排列进路，但电务未销记交付使用，车站必须现场检查确认接车进路正确并对进路上的所有道岔（不论对向、顺向）加勾锁器。

（3）电务联锁试验阶段：必须封锁进行，不得办理接发列车及调车作业。

（4）闭塞方式：电话闭塞。

（5）进路准备。

① 准备进路：手摇道岔（电务调试阶段室内可操纵道岔时，室内操纵）至接车进路位置。

② 锁闭进路：使用勾锁器对进路上的所有道岔（不论对向、顺向）及邻线上的防护道岔加锁。

③ 确认进路：扳道员间要道还道。

（6）接车方式。

车站值班员再次得到接车进路准备好的汇报后，派引导员到进站信号机外适当地点显示引导手信号。

（7）开通区间：现场确认列车整列到达或通过后，方可开通区间。

（8）注意事项。

① 接车人员、扳道员须现场检查确认接车线路空闲。

② 对进路上的分动外锁闭道岔（不论对向、顺向），均应对密贴尖轨、斥离尖轨和可动心轨使用专用勾锁器加锁。

③ 确认区间空闲后方可同意施工。

## 第十六节　车站信号设备大中修施工发车作业

1．影响范围

电务信号设备全部停用。

2．施工步骤

（1）室内外信号设备全部停用，道岔须现场人工摇动。

（2）电务调试阶段：室内可逐步在控制台（计算机联锁站场显示终端）上操纵道岔、排列进路，但电务未销记交付使用，车站必须现场检查确认发车进路正确并对进路上的所有道岔（不论对向、顺向）加勾锁器。

（3）电务联锁试验阶段：必须封锁进行，不得办理接发列车及调车作业。

（4）闭塞方式：电话闭塞。

确认区间空闲后请求闭塞：根据《行车日志》、各种行车表示牌确认。

（5）进路准备。

① 准备进路：手摇道岔（电务调试阶段室内可操纵道岔时，室内操纵）至发车进路位置。

② 锁闭进路：使用勾锁器对进路上的所有道岔（不论对向、顺向）及邻线上的防护道岔加锁。

③ 确认进路：扳道员间要道还道。

（6）行车凭证：路票。

要道还道：交递路票前，发车人员须与扳道员先对道。

（7）注意事项。

① 须向司机交递停止基本闭塞改电话闭塞办理行车的调度命令。

② 对进路上的分动外锁闭道岔（不论对向、顺向），均应对密贴尖轨、斥离尖轨和可动心轨使用专用勾锁器加锁。

③ 确认区间空闲后方可同意施工。

# 第十七节 向封锁区间开行路用列车或救援列车（区间折返）

1．设备现象

区间封锁（须在控制台或计算机联锁站场显示终端旁揭挂区间封锁表示牌）。

2．实施步骤

（1）闭塞方式：不办理闭塞发车。

（2）进路准备。

① 准备进路：排列调车进路（不能以排列调车进路方式操纵的道岔单操并单锁）。

② 锁闭进路：调车进路白色光带锁闭（单操的道岔单锁）。

③ 确认进路：通过调车进路白色光带（使用接通光带按钮）检查发车进路上道岔开通位置是否正确。

（3）行车凭证：调度命令区间返回。

（4）接车方式。

① 正常排列接车进路，开放进站信号。

② 不能正常开放进站信号（含引导信号）接车时，确认进路准备正确后，派引导员到进站信号机外方适当地点显示引导手信号。

③ 开通区间：

根据销记开通条件，现场确认列车整列到达后，方可开通区间。

（5）注意事项。

① 交递调度命令前，须再次通过调车进路白色光带确认发车进路准备正确。

② 开行救援列车，遇相邻两站列车调度电话均不通时，以接到救援请求的车站值班员命令作为进入封锁区间的许可。

# 第十八节　向封锁区间开行路用列车或救援列车（继续运行至前方站）

1．设备现象

区间封锁（须在控制台或计算机联锁站场显示终端旁揭挂区间封锁表示牌）。

2．实施步骤

（1）闭塞方式：不办理闭塞。

（2）进路准备：

① 准备进路：排列调车进路（不能以排列调车进路方式操纵的道岔单操并单锁）。

② 锁闭进路：调车进路白色光带锁闭（单操的道岔单锁）。

③ 确认进路：通过调车进路白色光带（使用接通光带按钮）检查发车进路上道岔开通位置是否正确。

（3）行车凭证：调度命令。

（4）开通区间：根据销记开通条件，现场确认列车整列到达后，方可开通区间。

（5）注意事项。

① 交递调度命令前，须再次通过调车进路白色光带（使用接通光带按钮）检查发车进路上道岔开通位置正确。

② 开行救援列车，遇相邻两站列车调度电话均不通时，以接到救援请求的车站值班员命令作为进入封锁区间的许可。

## 第十九节 超长货物列车头部越过出站信号机并压上出站方面轨道电路发车作业

1．设备现象

超长货物列车头部越过出站信号机并压上出站方面轨道电路，不能开放出站信号。

2．实施步骤

（1）闭塞方式：电话闭塞。

确认区间空闲后请求闭塞：根据《行车日志》、区间占用表示灯、闭塞表示灯及各种行车表示牌确认。

（2）进路准备。

① 准备进路：排列调车进路（不能以排列调车进路方式操纵的道岔单操并单锁）。

② 锁闭进路：调车进路白色光带锁闭（单操的道岔单锁）。

③ 确认进路：通过调车进路白色光带（使用接通光带按钮）检查发车进路上道岔开通位置正确。

（3）行车凭证：路票。

（4）注意事项。

① 交递路票前，须再次通过接通光带按钮确认发车进路准备正确。

② 须向司机交递停止基本闭塞改电话闭塞办理行车的调度命令。

## 第二十节 站内无空闲线路接车作业

站内线路占用情况：由于出现事故、线路故障、自然灾害、列车调度员指挥不当、车站作业组织不好等情况的发生，造成站内正线、到发线及能够接车的所有线路全被占用。

接入的列车限制条件：只允许接入排除故障、事故救援、疏解车辆等所需的救援列车、不挂车的单机、动车及重型轨道车。

（1）闭塞方式：计轴自动站间闭塞。

（2）进路准备。

① 准备进路：排列调车进路（不能以排列调车进路方式操纵的道岔单操并单锁）。

② 锁闭进路：调车进路白色光带锁闭（单操的道岔单锁）。

③ 确认进路：通过调车进路白色光带（使用接通光带按钮）检查接车进路上道岔开通位置是否正确。

（3）接车方式。

车站值班员再次确认接车进路准备好，通知接车人员以调车手信号将列车领入站内。

（4）列车到达：须现场确认列车整列到达，方可解锁进路。

（5）注意事项。

① 须发给司机因接车站无空闲线路接车，进站时注意运行的书面调度命令。

② 接车前，车站值班员须通知接车线路内停有有动力的机车及相应车辆司机，禁止移动。

③ 接车人员须首先向司机说明接车线路、停留车位置及安全注意事项，再将列车领入站内。

## 第二十一节　按列车办理的轻型车辆接车作业

开行条件：轻型车辆按列车办理时，在夜间或遇降雾、暴风雨雪时，仅限于消除线路故障或执行特殊任务时使用，须有照明及停车信号装置。使用重型轨道车车次，不得与重型轨道车重联运行，不准逆向运行，连挂拖车不准推进运行。

（1）闭塞方式：电话闭塞。

（2）接车方式：排列接车进路，开放进站信号。

（3）开通区间：现场确认轻型车辆进入接车线警冲标内方停妥后，方可取消接车进路，开通区间。

（4）注意事项。

轻型车辆不按列车办理时，仅限于昼间封锁施工作业时使用，须取得车站值班员对使用时间的承认，并填发轻型车辆使用书。

## 第二十二节　按列车办理的轻型车辆发车作业

开行条件：轻型车辆按列车办理时。

（1）在夜间或遇降雾、暴风雨雪时，仅限于消除线路故障或执行特殊任务时使用，须有照明及停车信号装置。

（2）使用重型轨道车车次，不得与重型轨道车重联运行，不准逆向运行，连挂拖车不准推进运行。

（3）闭塞方式：电话闭塞。

确认区间空闲后请求闭塞：根据《行车日志》、区间占用表示灯、闭塞表示灯及各种行车表示牌确认。

（4）进路准备：

① 准备进路：排列调车进路（不能以排列调车进路方式操纵的道岔单操并单锁）。

② 锁闭进路：调车进路白色光带锁闭（单操的道岔单锁）。

③ 确认进路：通过调车进路白色光带（使用接通光带按钮）检查发车进路上道岔开通位置是否正确。

（5）行车凭证：路票。

（6）列车出发：确认轻型车辆已进入区间后，方可解锁进路。

（7）注意事项。

① 须向司机交递停止基本闭塞改电话闭塞办理行车的调度命令。

② 须由发车人员向轻型车辆显示发车信号。

③ 轻型车辆不按列车办理时，仅限于昼间封锁施工作业时使用，须取得车站值班员对使用时间的承认，并填发轻型车辆使用书。

## 第二十三节 在已纳入站内集中联锁的非到发线上接车作业

设备现象：道岔已纳入站内集中联锁，但接车股道未安装轨道电路，或未设接车、发车进路按钮，进站信号机不能正常开放进站信号。

（1）闭塞方式：计轴自动站间闭塞（接车前已停基改电时，应为电话闭塞）。

（2）进路准备。

① 准备进路：排列调车进路，确认正确后取消调车进路（不能以排列调车进路方式操纵的道岔单操并单锁）。

② 确认进路：使用接通光带按钮再次确认进路正确。

③ 锁闭进路：按下引导总锁闭锁闭进路。

（3）接车方式：先按下引导总锁闭按钮，再按下引导按钮，开放引导信号。

（4）列车到达后开通区间，须现场确认列车整列到达或通过。

（5）注意事项。

① 旅客列车须发给司机准许接车站非到发线接车的书面调度命令。

② 其他列车使用列车无线调度通信设备（其通信记录装置作用良

好时），向司机直接发布或由车站值班员转达准许非到发线接车的调度命令。

③ 接车进路无白色光带。

## 第二十四节 在已纳入站内集中联锁的非到发线上发车作业

设备现象：道岔已纳入站内集中联锁，但发车股道未安装轨道电路，或未设出站信号机等情况，不能正常开放出站信号。

（1）闭塞方式：电话闭塞。

确认区间空闲后请求闭塞：根据《行车日志》、区间占用表示灯、闭塞表示灯及各种行车表示牌确认。

（2）进路准备。

① 准备进路：排列调车进路（不能以排列调车进路方式操纵的道岔单操并单锁）。

② 锁闭进路：调车进路白色光带锁闭（单操的道岔单锁）。

③ 确认进路：通过调车进路白色光带（使用接通光带按钮）检查发车进路上道岔开通位置是否正确。

（3）行车凭证：路票。

（4）注意事项。

① 交递路票前，须再次通过接通光带按钮确认发车进路准备正确。

② 旅客列车须发给司机停基改电，准许非到发线发车的书面调度命令。

③ 其他列车使用列车无线调度通信设备（其通信记录装置作用良好时），向司机直接发布或由车站值班员转达停基改电，准许非到发线发车的调度命令。

## 第二十五节　一切电话中断（信号设备正常）时，已办妥闭塞而尚未发车的车站发车作业

1．故障现象

（1）已办妥闭塞而尚未发车，信号设备正常。

（2）车站所有与外联系电话中断。

2．故障处理

（1）行车办法：按书面联络法行车。

（2）进路准备：排列发车进路，开放出站信号。

（3）行车凭证：出站信号机显示的进行信号，并发给司机红色许可证的通知书。

（4）注意事项：本站至××站间连续发出列车间隔时间为区间规定运行时间（客货共线，以货物列车为准）分另加3分（若不足13 min，不得少于13 min）。

## 第二十六节　一切电话中断（信号设备故障）时，已办妥闭塞而尚未发车的车站发车作业

1．故障现象

（1）已办妥闭塞而尚未发车，信号设备故障。

（2）车站所有与外联系电话中断。

2．故障处理

（1）行车办法：按书面联络法行车。

（2）进路准备。

① 能正常排列调车进路时，排列调车进路并利用调车进路白色光带锁闭。

② 道岔故障时，手摇故障道岔至发车进路位置，并加勾锁器。非故障道岔室内排列调车进路并利用调车进路白色光带锁闭（不能以排列调车进路方式操纵的道岔单操并单锁）。

③ 控制台（计算机联锁站场显示终端）信号设备停电（轨道电路停电）时，手摇道岔至发车进路位置，并对进路上的所有道岔（不论对向、顺向）及邻线上的防护道岔用勾锁器加锁。

（3）行车凭证：已办妥闭塞的行车凭证，并发给司机红色许可证的通知书。

（4）要道还道：交递凭证前，发车人员与扳道员先对道。

（5）注意事项。

① 本站至前方站间连续发出列车间隔时间为区间规定运行时间（客货共线，以货物列车为准）再加 3 min（若不足 13 min，按 13 min 计算）。

② 设备停用时，对进路上的分动外锁闭道岔（不论对向、顺向），均应对密贴尖轨、斥离尖轨和可动心轨使用专用勾锁器加锁。

# 第六章　非正常情况应急处置办法

车站非正常信息汇报流程图如图 6-1 所示。

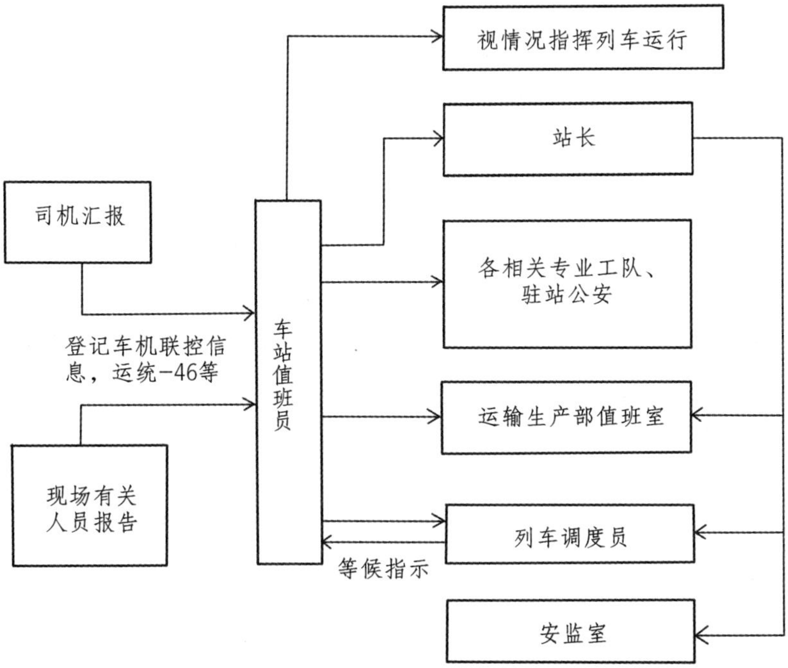


图 6-1　车站非正常信息汇报流程图

非正常信息汇报的规定内容如下：

（1）严格执行“立即汇报、顺序通知、先简后详、单位不漏”的原则。

（2）非正常车站值班员通知顺序为：

第一通知视情况指挥列车运行。

第二通知站长上台把关，各相关专业工队签认运统-46 并赶赴现场检查。

第三汇报运输生产部值班室、列车调度员。

第四填写安监报-1 上报运输生产部值班室、安监室及列车调度员。

（3）几点说明。

①“立即汇报”：指发生非正常车站值班员必须立即、第一时间向站长、有关工队、运输生产部值班室、调度汇报。

②“顺序通知”：车站应按通知顺序通报各单位。

③“先简后详”：先简要通报情况，不得占用电话时间过长，然后详细汇报。

④“单位不漏”：不遗漏各通报单位。

黄大铁路公司各部门、各单位、各工种以及参与黄大铁路基本建设、生产运营的工程建设单位、联合运输单位在从事铁路建设、维管、运输生产时，必须遵守和执行中国铁路总公司《铁路技术管理规程》《国家能源集团铁路运输管理规程》《朔黄铁路行车组织规则》的规定。

## 第一节　天气不良的处理措施

1．处理流程

车站值班员发现或接到天气不良（遇天气恶劣，信号机显示距离不足 200 m 时）的报告后：

（1）按规定向列车调度员汇报。

（2）严格按照《国家能源集团铁路运输管理规程》《朔黄铁路行车组织规则》相关条款规定，组织站内接发列车、调车作业。

（3）当列车调度员发布“改按天气恶劣难以辨认信号”办法行车的调度命令时，核对无误并及时签收后立即向相关列车司机传达命令内容。

（4）遇暴风雨雪天气，车站值班员要立即报告值班领导，安排人员对站内停留车辆实施加强防溜措施并加大防溜检查力度。通知相关设备单位对行车设备加强巡视；接到机车乘务员汇报线路、设备受损的报告后，要立即报告值班领导及列车调度员并按调度员指示采取措施。

（5）天气好转时，应及时报告列车调度员，严格执行列车调度员发布的调度命令，恢复正常行车。

2．卡控关键

（1）详细了解现场情况，做好信息记录并及时汇报。

（2）调度命令核对无误。

## 第二节 在区间突遇水害的处理措施

1．处理流程

车站值班员接到现场人员或司机汇报列车在区间突遇水害报告后：

（1）立即询问汇报人员对行车安全的影响程度。如线路条件不满足列车正常运行或情况不明不能确定时，车站值班员要果断扣停续行列车。

（2）通知值班领导上台把关。

（3）立即上报列车调度员及相关部门，并根据列车调度员指示办理。

（4）详细了解现场情况，包括列车车次、后方站开车时刻、区间停车地点、时间、汇报人员姓名、水害的大概情况、续行列车车次、列数，做好信息记录与反馈。

（5）立即通知工务、电务、供电、公安人员前往水害地点抢修，登记运统46（《行车设备检查登记簿》）。

（6）按照列车调度员指示，如需限速运行时，及时向机车乘务员传达调度命令，限速通过水害地段；如不能保证列车运行安全时，应根据调度命令封锁区间迅速组织抢修，视现场抢修需要，组织好片石、石碴等防洪用料调运，保证防洪路料按计划及时发车，进入封锁区间。

需要出动抢修作业车、路料车时，车站值班员在组织列车接发时，必须计算好站内股道运用情况，预留好抢修作业车运行通道，防止相关股道、道岔被占用，影响抢修作业车运行。

（7）若列车必须退行时按照《国家能源集团铁路运输管理规程》《朔黄铁路行车组织规则》规定办理。并及时采取措施，保证必要情况下退行列车可接入站内。

（8）水害线路修复后，根据工务人员运统 46 销记情况，及时上报列车调度员，按列车调度员发布的命令组织列车运行。

（9）填写速报信息，经值班领导审核后上报。

2．卡控关键

（1）准确掌握现场信息，果断扣停列车。

（2）调度命令核对无误；保证抢修作业车运行畅通。

（3）严把列车放行关，确认设备单位销记达到放行条件后再放行列车。

## 第三节　线路晃车的处理措施

1．处理流程

车站值班员接到列车乘务员发生线路晃车的报告后：

（1）询问机车乘务员晃车程度并根据其汇报情况，通知值班领导上台把关，及时上报列车调度员及相关部门，并根据列车调度员指示办理。

（2）登记运统 46（《行车设备检查登记簿》），通知工务部门检查处理。

（3）听取现场人员汇报，详细了解现场情况，做好信息记录与反馈。严格卡控运统 46 销记关。按工务部门销记的运行条件，及时汇报列车调度员及相关部门；按照列车调度员指示或调度命令组织列车运行。

（4）若发布限速命令时，车站要严格卡控，逐列向机车乘务员交令，杜绝漏交调度命令。

（5）线路质量达到规定标准后，根据工务人员的汇报，发布命令恢复常速。

（6）填写速报信息，经值班领导审核后上报。

2．卡控关键

（1）掌握现场信息，组织列车运行。

（2）调度命令核对无误。

（3）严把列车放行关，确认设备单位销记达到放行条件后再放行列车。

## 第四节　接触网故障的处理措施

1．处理流程

车站值班员得到现场人员或司机汇报接触网停电的报告后：

（1）通知值班领导上台把关，及时上报列车调度员及相关部门，并根据列车调度员指示办理。

（2）及时喊停列车，禁止向故障区段放行列车。

（3）登记运统 46（《行车设备检查登记簿》），通知供电部门现场检查处理。

（4）听取现场人员汇报，详细了解现场情况，及时汇报列车调度员及相关部门，做好信息记录与反馈。

（5）遇故障抢修时，车站值班员根据调度命令或列车调度员指示，组织抢修队伍与抢修轨道车按规定时间出动。

需要出动抢修轨道车时，车站值班员在组织接发列车时，必须计算好站内股道运用情况，预留好抢修作业车运行通道，防止相关股道、道岔被占用，影响抢修作业车运行。

（6）待故障排除，供电部门在运统 46（《行车设备检查登记簿》）销记，接触网恢复供电后，根据列车调度员下达的车流计划组织列车恢复运行。

（7）填写速报信息，经值班领导审核后上报。

2．卡控关键

（1）预留好抢修作业车接发运行通道。

（2）卡控运统 46 登销记。

（3）现场供电人员确认接触网状态良好并销记后再行送电。

（4）调度命令核对无误。

## 第五节　车辆抱闸的处理措施

1．处理流程

车站值班员接到助理值班员或机车乘务员等现场人员关于车辆抱闸的报告后：

（1）详细了解抱闸情况，通过汇报人确认列车是否可以继续运行。通知值班领导上台把关，及时上报列车调度员及相关部门，并根据列车调度员指示办理。

（2）做好事件信息记录与反馈。内容包括：列车车次、机车型号与单位、乘务员姓名、抱闸车辆编组位置、车号、现场检查情况（留存检查照片）等。

（3）遇列车调度员指示抱闸列车需在本站处理时，若本站设有列检作业人员，通知列检人员处理；无列检时由车站人员带齐相关工具协同乘务员一起处理，处理完毕及时汇报列车调度员。

（4）现场检查与处理：

① 遇车轮、闸瓦发红，闸瓦抱死车轮、滑行，剧烈振动等严重抱闸情形时，必须就地停车检查，不得继续运行。

② 抱闸车辆的三种处理办法：

a. 凉闸；

b. 关门（抱闸车辆位置在禁关位置时，可调整编组后，再关门）；

c. 甩车。

③ 检查项目：手闸状态、闸瓦磨损程度、车轮踏面温度、车轴轴温、查看闸瓦与车轮间能否正常缓解。

④ 若闸瓦磨损未达到更换标准、未与车轮抱死，通知司机试风查看抱闸车辆自动制动机作用是否良好，若鞲鞴伸缩自如，自动制动机作用良好，则采用停车凉闸措施，待车轮温度降到符合运行标准后开车。

⑤ 若闸瓦抱死车轮无法缓解或货车闸瓦磨损剩余厚度不足 20 mm 必须更换时，有列检作业的车站，由列检人员确认处置；无列检作业的车站，由车站人员关门处理。

⑥ 关门车辆位置在禁关位置时，有列检作业的车站，由列检人员处理；无列检作业的车站，由列车调度员安排关门或甩车。

⑦ 填写速报信息，经值班领导审核后上报。

### 2．卡控关键

现场人员掌握对抱闸车辆运行情况的确认办法。

## 第六节 列车装载货物发生超、偏载或撒漏的处理措施

1．处理流程

车站值班员接到关于列车装载货物出现超、偏、撒漏等问题的报告后：

（1）通过汇报人确认列车是否可以继续运行。通知值班领导上台把关，及时上报列车调度员及相关部门，并根据列车调度员指示办理。

（2）详细了解列车装载货物出现超、偏、撒漏的情况，做好事件信息记录与反馈。内容包括：列车车次、机车型号与单位、乘务员姓名、出现超、偏、撒漏车辆编组位置、车号、现场检查情况（留存检查照片）等。

（3）遇列车调度员指示，撒漏列车在本站处理时，车站值班员在条件允许的情况下，将列车接入远离正线的股道，降低邻线列车运行对现场作业人员的人身安全隐患；同时，减少作业人员下道避车时间，提高作业效率；值班领导迅速组织人员、携带工具提前进入指定地点。

（4）待列车停妥后，首先检查整列车门锁闭状态，确定撒漏车辆位置。用铁撬棍或道砟敲打车门，若敲打时无撒漏，可确定能正常运行；若有撒漏现象，则使用木楔子、泡沫胶、编织袋等重新封堵加固车辆撒漏部位。全部堵车完毕，汇报列车调度员，按照其指示组织列车运行。

（5）遇列车调度员指示，超、偏载列车在本站进行整理、倒装处理时，

① 超载列车按卸去超出部分的办法处理；

② 偏载列车处理办法：① 将所装货物全部卸空，清空车厢；② 将车厢内货物重新安放，散装货物摊平，保证车厢内均匀平铺，无偏载。

③ 整理、倒装作业必须在非电气化区段（无网区）或者待天窗停电时段内进行。

（6）处理完毕，上报列车调度员，按其指示办理。

（7）填写速报信息，经值班领导审核后上报。

2．卡控重点

（1）列车装载货物撒漏速度太快时，可能在运行中造成侵限，危及列车运行，必须及时停车加固处理。

（2）处理发生货物撒漏列车时，若站内股道均被占用，车站值班员只能将列车接入邻近正线的股道时，室内外必须设立专职防护员，确保现场作业人员人身安全。

（3）电气化区段处理超偏载时，确认接触网停电后方可作业。

## 第七节　机车故障（在区间坡停）需救援的处理措施

1．处理流程

车站值班员得到司机汇报机车故障或在区间坡停不能启动，请求救援的报告后：

（1）通知值班领导上台把关，及时上报列车调度员及相关部门，并根据列车调度员指示办理。

（2）详细了解现场情况，做好信息记录与反馈。内容包括：列车车次、区间停车地点、线路坡度、列车两端分相位置、请求救援人员姓名、核对列车编组、换长、总重。

（3）遇现场情况，需要利用后续列车机车担当救援时，车站值班员要核对好调度命令，可使用列车无线调度电话向司机发布命令（必须具备良好的转接设备和通信记录装置）；并指派外勤人员携带好防溜器具提前出场做好机车摘车准备；站长携带齐全行车备品提前出场做好随乘机车担当救援指挥人的准备，保证救援单机在规定时间内开行。

（4）注意提示司机：列车不得无动力停留在坡度超过 6‰的地段，本务机车故障时必须按规定采取防溜措施。在电化区段如须停电采取防溜措施时，根据请求及时向列车调度员申请发布停、送电命令。

（5）救援完毕后，根据现场救援负责人通知，及时汇报列车调度员，申请发布调度命令开通区间。

（6）详细了解救援情况，包括救援列车出发、区间起、停车时间、后续列车起、停车时间、到达前方站的时刻、机车型号、司机姓名等。

（7）填写速报信息，经值班领导审核后上报。

2．卡控关键

（1）确认列车停车地点两端距离接触网分相距离，确保机车挂车后能够安全过分相。

（2）计算好站内到发线运用，为救援机车开行与救援后救援列车由区间返回车站留好通道。

（3）卡控调度命令，特别注意限速命令交递与核对。

（4）相关人员提前出场，缩短救援时间。

## 第八节　列车分离的处理措施

1．处理流程

车站值班员接到列车分离的报告后：

（1）通知值班领导上台把关，及时上报列车调度员及相关部门，并根据列车调度员指示办理。

（2）详细了解现场情况，做好信息记录与反馈。包括：列车车次、机车型号、乘务员姓名、停车时间、机车停车位置（公里、米）、线路（坡度）情况、分离车辆位置、分离车辆车号、分离距离、列车尾部位置（公里、米）、是否可以连挂、是否请求救援或分部运行等。

（3）如需要救援时，上报列车调度员，申请调度命令，按其指示组织实施救援。

（4）遇现场情况，需要利用后续列车机车担当救援时，车站值班员要核对好调度命令，使用列车无线调度电话向司机发布命令（必须具备良好的转接设备和通信记录装置）。并指派外勤人员携带好防溜器具提前出场做好摘机车准备；站长携带行车备品提前出场做好登乘机车准备，保证救援单机在规定时间内开行。

（5）注意列车摘机车前必须做好防溜，在电化区段如须停电采取防溜措施时，根据请求及时向列车调度员申请发布停、送电命令。

（6）根据实际情况选择相应处理方法：

① 车钩自动（跳开）分离，拽断风管：更换制动软管后，重新连挂，试风良好开车（注意提示防溜；指示该列车在有列检的最近前方站停车检查）。

② 车钩破损分离无法更换时：

a. 前钩断：按分部运行办理。可采取本务机车牵引前部车辆到达前方站后，再返回区间挂取遗留车辆（提示注意对遗留车要采取好防溜、防护措施。电化区段注意接触网带电情况）。

b. 后钩断：封锁区间，本务机牵引前部车辆到前方站；指派救援机车从列车后方进入区间，根据情况可将后部车辆推进到前方站或拉到后方站。

（7）救援完毕及时上报列车调度员，填写速报信息，经值班领导审核后上报。

2. 卡控关键

（1）重新连挂时，确认是否具备连挂条件。

（2）列车在区间发生断钩、分离后，有下列情形之一时，需请求救援或分部运行：

① 列车分离需连挂，司机不能确认连挂信号或手持电台联系不通时；

② 机车牵引力不能使分离的车列移动时；

③ 分离车辆连挂装置破损，乘务员不能自行处理时；

④ 分离车列位置处于隧道、曲线、坡道地段，不具备连挂条件时；

⑤ 进行连挂作业，司机难以控制在 5 km/h 及以下连挂速度时。

（3）下列情况列车不准分部运行

① 采取措施后可整列运行时；

② 对遗留车辆未采取防护、防溜措施时；

③ 遗留车辆无人看守时；

④ 司机与车站值班员及列车调度员均联系不上时；

⑤ 遗留车辆停留在超过 6‰坡度的线路上时。

（4）确认列车停车地点两端距离接触网分相距离，确保机车挂车后能够安全过分相。

（6）调度命令核对无误；相关人员提前出场，缩短救援时间。

## 第九节 列车、车辆溜逸时的处理措施

1．处理流程

车站值班员接到机车车辆溜逸进入区间或列车放风的报告后：

（1）通知值班领导上台把关，及时上报列车调度员及相关部门，并根据列车调度员指示办理。

（2）按照列车调度员指示，停止向溜车的前方区间发车（必要时也要停止向另一方向发车），已办理发车的要指示车站关闭出站信号，取消发车。

（3）详细了解情况（如溜逸的车数、空重、溜行方向、溜逸原因及溜车方向坡道情况，溜行速度和溜行距离等），做好信息记录与反馈。

（4）应急处置办法。

① 如溜逸车辆挂有机车，并有制动能力时，可不开放进出站信号，利用机车紧急自动停车装置进行制动。

② 前方车站将关系区间运行的列车接入侧线，有关车站开通正线，并采取防溜措施，指示前方车站组织人员采取一切可能的制动措施，争取拦停列车，例如在线路上放置防溜枕木、铁鞋及其他障碍物等，以设法阻挡其继续溜行。

③ 在溜车的前方区间内，如有相对方向列车运行时，很可能造成正面冲突，除布置区间道口、工队共同堵截车辆外， 应立即呼叫相对方向的列车司机迅速停车，必要时乘务人员可暂离机车，防止造成人员无谓伤亡；必要时组织列车退行，避免冲突。

④ 设备条件具备时，可将其放入安全线、牵出线、专用线及其他岔线，或用其他办法让其脱轨甚至颠覆，以减少损失。

⑤ 如溜逸车辆前方附近区间有上坡道，亦可将其放入区间，车站站长带人迅速赶往区间，当车组减速时组织上车施行手制动，使其尽快停车，并防止在上坡道停车后再反方向溜回。在做此处理时，应让车站站长携带通信工具，以便做事后的处理。

（5）待溜逸列车得到控制后，按现场情况采取救援等后续措施。处理完毕及时上报列车调度员并根据其指示办理。

（6）填写速报信息，经值班领导审核后上报。

2．卡控重点

（1）车站值班员要清楚所管辖区段线路坡度，安全线、牵出线等情况，对线路坡度较大的车站要重点掌握，并作为重点防范车站，加强预想。

（2）车站交接班时重点交待作业中的防溜工作。

# 第十节 列车在区间冲突、脱轨的处理措施

1．处理流程

车站值班员得到司机汇报列车在区间冲突、脱轨的救援请求后：

（1）通知值班领导上台把关，及时上报列车调度员及相关部门，并根据列车调度员指示办理。

（2）详细了解情况，做好信息记录与反馈。现场情况包括事故列车区间起、停车时间，到达前方站时间；救援列车（单机），出发时间、区间起、停车时间、返回车站的时刻；后续列车区间起、停车时间，退回后方站时刻等；机车型号、司机姓名等。

（3）根据现场救援请求，及时向列车调度员申请发布调度命令封锁区间。需要出动救援列车时，及时向列车调度员提出申请。

（4）根据调度命令与列车调度员安排的救援方案，车站站长应带领有关人员、携带必要的工具随车进入区间担当组织救援工作。

（5）应急处置办法：

① 事故列车机车仍可运行时，可采取本务机车牵引良好车辆到达前方站；或组织后方站派出救援单机进入封锁区间挂取列车尾部良好车辆。

② 为救援列车进入封锁区间救援创造条件。车站值班员在组织接发列车时，必须计算好站内股道运用情况，预留好救援车接发运行通道，防止满线接车后，救援车无法发车。

（6）开行救援列车，

① 组织救援列车尽快出动，出动时间不得超过 30 min。车站值班人员应组织救援列车迅速开出。列检人员接到救援列车出动命令后，要立即对救援列车进行检查和制动试验，保证救援列车按时开出。救援列车出动时可不挂列尾装置。

② 发生事故需出动救援列车时，应使用内燃机车牵引，救援列车进入事故区间前，必须先断电。发生一般的脱轨事故时，可在带电情况下利用复轨器及时起复。需要拆除相关信号机时，下达信号机停用及准许拆除的调度命令。

（7）救援列车到达事故发生的关系站后，根据拟定的救援方案，向事故封锁区间发出救援列车。根据现场救援的进展和需求，组织调拨其他机具、路料尽快起复。

（8）事故救援完毕，故障车辆、救援列车全部到达车站后，根据工务提供的运行条件，发布命令，开通区间。

（9）根据救援负责人请求，通知电调接触网送电。

（10）组织救援列车及时返回驻地。

（11）填写速报信息，经值班领导审核后上报。

2．卡控关键

（1）事故救援工作的基本原则是通报及时、出动迅速、单一指挥、先通后复。做到服从命令、听从指挥、顾全大局、联合作战、不等不靠、严禁扯皮，尽快恢复行车。

（2）现场处理规定。

① 在站内发生事故后，由站长负责指挥现场处理。

② 在区间发生事故后，由司机负责指挥现场处理，站长到达现场后，由站长组织现场处理；供电工队负责接触网的处理及安装照明；电务工队负责相关信号设备的处理、安装不少于 2 部现场电话，保证与调度指挥中心及两端站的通信畅通；工务工队负责相关线路设备的处理。

③ 分公司、公司领导到达现场后，由分公司、公司领导负责指挥现场处理。

## 第十一节　列车在区间碰轧行人或碰撞车辆、路料、设备等造成停车的处理措施

1. 处理流程

车站值班员接到司机汇报列车在区间因碰轧行人或碰撞设备、车辆、路料等造成停车的报告后：

（1）通知值班领导上台把关，及时上报列车调度员及相关部门，并根据列车调度员指示办理。

（2）详细了解现场情况，做好信息记录与反馈。包括列车车次、后方站开车时刻、停车地点、人员伤亡、线路设施、机车车辆损坏、事故发生后采取的措施、区间起停车时间、到达前方站的时刻、机车型号、司机姓名、列车牵引总重、换长等。

（3）指示现场人员做好对本列车的防护工作。如有人员伤亡时，及时通知当地医院采取救护措施。

（4）通知工务人员、派出所公安人员迅速赶往现场协助处理。

（5）车站值班员随时了解现场情况和需求并及时上报列车调度员，并指示现场人员尽快清除障碍恢复运行。

（6）如机车、车辆有破损不能继续运行时，应根据现场救援请求，请示列车调度员发布调度命令封锁区间，向封锁区间派出救援列车或救援单机尽快恢复运行。

（7）如需封锁区间，开行救援列车需通知室外作业人员及站长提前做好准备，保证救援机车能按规定发车。

（8）救援完毕后及时上报列车调度员，按。

（9）填写速报信息，经值班领导审核后上报。

2．卡控关键

（1）接到报告后要迅速查明现场情况。

（2）指示现场人员拍照、查明原因。

## 第十二节　列车在区间发生火灾（冒烟）时的处理措施

1．处理流程

车站值班员接到机车乘务员或其他人员关于列车在区间发生火灾的报告后：

（1）详细了解现场情况：着火的性质（明火还是冒烟），着火位置、火势大小等情况，停车地点及附近地理情况等。

（2）通知值班领导上台把关，及时上报列车调度员及相关部门，并根据列车调度员指示办理。

（3）根据列车调度员指示，立即扣停相关续行列车。

（4）根据火势情况针对性地采取措施：

① 如果没有明火可继续运行至前方站处理时，列车调度员要尽量安排进入可操作隔离开关单独断电的线路（货场或专用线股道）停电处理。

② 如有明火或对车体造成严重损害时应立即停车处理，停车时应避开长大隧道、大型桥梁、重要建筑物等处所。列车是否需要分隔甩车，应根据风向等情况而定。一般为先甩下列车后部的未着火车辆，再甩下着火车辆，然后将机后未着火车辆拉至安全地段。对甩下的车辆，在车站由车站人员负责采取防溜措施；在区间由司机、车辆乘务员负责采取防溜措施。

③ 需要停电处理时请示列车调度员发布停电调度命令。

（5）值班领导组织人员、工具进行现场灭火，需要通知消防等专业部门时应立即通知。火情消除后报告列车调度员，按照阶段计划恢复行车。

（6）填写速报信息，经值班领导审核后上报。

2．卡控重点

电气化铁路附近发生火灾时，须遵守下列规定：

（1）接触网附近发生火灾时，应立即通知列车调度员、供电调度员或供电工队。

（2）距牵引供电设备带电部分不足 4 m 的燃着物体，使用水或灭火器灭火时，牵引供电设备必须停电。

（3）距牵引供电设备带电部分超过 2 m 的燃着物体，使用沙土灭火时，牵引供电设备可不停电，但须保持灭火机具及沙土等与带电部分的距离在 2 m 以上。

# 参考文献

[1] 中铁第一勘察设计院集团有限公司. 新建铁路黄大线施工图总说明书[R]. 西安：中铁第一勘察设计院集团有限公司，2014.

[2] 赵厚清，宋仲蒲. 提高益羊、大莱龙线运输能力的措施[J]. 铁道运输与经济，2011（3）：29-32.

[3] 李耐振，王帆. 滨港铁路沾化至滨州港段接轨方案研究[J]. 铁道标准设计，2015（7）：66-70.

[4] 杨浩. 铁路运输组织学：第3版[M]. 北京：中国铁道出版社，2011.

[5] 邢开功. 铁路机车及机车运用管理[M]. 北京：中国铁道出版社，2014.

[6] 刘晋川，金淳. 港口作业系统与设备前沿技术[M]. 北京：人民交通出版社，2017.